Das erotische Kochbuch

Herausgegeben von Gertrude Fein
mit Rezepten aus dem Tigerpalast und
Illustrationen von Moni Port

Eichborn.

Die Rechte für die einzelnen Textpassagen liegen bei den im Quellenverzeichnis genannten Rechtsinhabern. Wir danken für die freundliche Genehmigung zum Abdruck.

Lektorat: Georg Simader
Illustrationen: Moni Port
Grafische Konzeption und Satz: Petra Wagner
Druck und Bindung: Pustet, Regensburg

ISBN 3-8218-1474-8

Verlagsverzeichnis schickt gern:
Eichborn Verlag, Kaiserstr. 66, D-60329 Frankfurt am Main
Internet: http: // www. eichborn. de

»Das ist ein Buch von starken Würzen, ein gepfeffertes Buch, kein Buch für den Milchsuppengaumen dummer Jungen. Ein Buch ist es für die Kenner kräftiger und saftiger Bissen, die vom Guten und Besten der Welt den Geschmack auf der Zunge haben.«

Honoré de Balzac

Inhalt

Vorwort

Naschen ist anrüchig – Naschen ist herrlich! Vielleicht macht Naschen deshalb so viel Spaß, weil man es mehr oder weniger heimlich tut. Wer läßt sich schon gerne mit dem Finger im Kuchenteig erwischen oder gar in einer Hummersauce?

Naschen ist Luxus pur: ebenso überflüssig wie exklusiv. Egal, woran man schleckt, die schnelle Geschmacksprobe macht erst Lust aufs Ganze. Das ist nicht nur bei Saucen oder Kuchenteig der Fall. Wer Bücherwürmern beim Schmökern in Antiquariaten oder Buchhandlungen zusieht, kann hin und wieder einen ähnlich verklärten Gesichtsausdruck beobachten wie bei Naschkatzen in der Küche. Auch in der Erotik ist es nicht sehr viel anders. Nur wenn das erste spontane Beschnuppern, Beknabbern oder das Lauschen auf eine Stimme die Sinne anspricht, bekommt man Lust auf mehr.

Im »erotischen Kochbuch« ist das Naschen zum Prinzip erhoben: Hier ein Stück Literatur – manchmal auch ein etwas größeres und deftigeres –, dazwischen ein Happen erotisches Stimulans, und dazu ein Degustationsmenu. Nach Lust und Laune kann man von Land zu Land, von Fisch zu Fleisch, von Wein zu Champagner wechseln.

Zweierlei Arten von Rezepten enthält das »Erotische Kochbuch«: Wer sich für die aufwendige Variante entscheidet, für Hingabe, Zeit und die Lust am opulenten Mahl, wer Schwierigkeiten nicht scheut, der wähle die vom Frankfurter Varieté Tigerpalast komponierten Kreationen. Herzlichen Dank an Direktor Johnny Klinke, Manager Robert Mangold und Victor Stampfer, dem Koch in diesem Reich der Sinne! Doch nicht immer ist Zeit, nicht immer gibt es die große Lust vor der Lust: Auch für die schnellere Variante, den »Quickie« sozusagen, ist gesorgt: die Herausgeberin steuert hierfür in ihren Rezepten die Zutaten bei.

Die Gerichte sind für zwei Personen konzipiert, aber wer sagt denn, daß statt eines Tête-à-tête nicht auch einmal eine menage à trois angesagt ist? Alle Macht der Phantasie!

Bei der Auswahl der Erzählungen und Romanausschnitte spielten Erinnerungen und Vorlieben eine große Rolle. Reminiszenzen an pubertäre »Stellensuche« stellten sich ein: Wie war das doch gleich wieder mit der »Blechtrommel«? Welche Brause wurde da von wessen Bauchnabel gelutscht? Wer hat Djing Ping Meh zur Gänze gelesen? Waren es nicht nur die »unsittlichen« Stellen des umfangreichen Sittenromanes, die herausgepickt wurden? In einigen Büchern spielt das Essen eine so große Rolle, daß die Rezepte in die Handlung eingebaut sind. Manuel Vázquez Montalbán und Laura Esquivel sind es, die detaillierte Angaben zur Zubereitung oft recht eigenwilliger Spezialitäten liefern (Nachkochen ohne Gewähr!). Bei manchen der frivolen Kurztrips in aphrodisische Gefilde wurde wiederum genascht an den berauschenden Werken von Christian Rätsch, dem Guru der Pflanzenfreaks und Naturapostel. Der Glaube an Aphrodisiaka war und ist weit verbreitet, und dieser Glaube ist es wohl auch, der die Wirkung ausmacht. Aber warum nicht einmal an einem Liebescocktail nippen, sei er nun geschüttelt oder gerührt?

Alles in allem ist »Das erotische Kochbuch« nicht in erster Linie eine Rezeptsammlung, sondern eine Anregung, auch im Alltag einen gewissen Luxus zu kultivieren, den Luxus, der Neugier freien Lauf zu lassen, an allem zu naschen, was in – oder bei – Kunst, Küche, Keller und Kohabitation Spaß macht.

Gertrude Fein

Safran

Anaïs Nin
Die verborgenen Früchte

Fay war in New Orleans geboren. Als sie sechzehn Jahre alt war, machte ihr ein vierzigjähriger Mann den Hof, der ihr wegen seines Adels und seiner vornehmen Würde schon immer gut gefallen hatte. Fay war arm. Alberts Besuche waren große Ereignisse für ihre Familie. Für ihn wurde ihre Armut jedesmal hastig kaschiert. Er kam wie ein Befreier, erzählte von einem Leben, das Fay nie kennengelernt hatte, von einem Leben am anderen Ende der Stadt.

Als sie verheiratet waren, wurde Fay in seinem Haus, das tief versteckt in einem riesigen Park lag, wie eine Prinzessin behandelt. Hübsche farbige Frauen bedienten sie. Albert behandelte sie mit äußerstem Zartgefühl.

In der ersten Nacht nahm er sie nicht. Er behauptete, es sei ein Beweis seiner Liebe, daß er sich seiner Frau nicht aufdränge, sondern sie langsam und mit Bedacht zu gewinnen suche, bis sie bereit und willens sei, sich in Besitz nehmen zu lassen.

Er kam in ihr Zimmer, liebkoste sie aber nur. Unter dem weißen Moskitonetz lagen sie wie unter einem Brautschleier, lagen in der heißen Nacht und streichelten und küßten einander. Fay fühlte sich träge und wie betäubt. Mit jedem Kuß weckte er eine neue Frau, löste er eine neue Empfindung aus. Später, als er sie verließ, warf sie sich unruhig hin und her und konnte nicht schlafen. Es war, als hätte er winzige Brände unter ihrer Haut entzündet, winzige Ströme, die sie nicht schlafen ließen.

Mehrere Nächte hindurch litt sie diese heftigen Qualen. Da sie unerfahren war, versuchte sie nicht, zu einer richtigen Umarmung zu kommen. Sie überließ sich seinen zahllosen Küssen auf ihr Haar, ihren Hals, ihre Schultern und Arme, auf ihren Rücken und auf ihre Beine ... Albert genoß es, sie zu küssen, bis sie stöhnte, als wäre er dann erst sicher, einen bestimmten Teil ihres Körpers geweckt zu haben. Anschließend wanderten seine Lippen weiter.

Er entdeckte die bebende Empfindsamkeit unter ihrem Arm, am Ansatz der Brüste, die Vibrationen, die die Brustwarzen mit dem Geschlecht, die feuchte Öffnung mit den Lippen verbanden, alle geheimnisvollen Koppelungen, durch die andere Stellen als die geküßten erregt und gereizt wurden, Strömungen, die von den Haarwurzeln bis zu den Wurzeln der Wirbelsäule verliefen. Jede Stelle, die er küßte, feierte er mit bewundernden Worten, pries die Grübchen am unteren Ende des Rückens, die festen Gesäßbacken, die Biegung ihres Rückens, durch die ihr Gesäß hinausgedrückt wurde – »wie bei einer Farbigen«, erklärte er ihr.

Er umspannte ihre Knöchel mit den Fingern, bewunderte ihre Füße, die ebenso perfekt geformt waren wie ihre Hände, streichelte immer wieder die glatten, statuesken Linien ihres Halses, wühlte in ihrem langen, schweren Haar.

Ihre Augen waren lang und schmal wie die einer Japanerin, ihr voller Mund stand immer ein wenig offen. Ihre Brust wogte, als er sie küßte und die schräg abfallende Linie ihrer Schultern mit den Zähnen zeichnete. Und als sie dann stöhnte, verließ er sie, schloß sorgfältig das weiße Netz um sie, verhüllte sie wie einen Schatz, ließ sie allein, während ihr zwischen den Schenkeln die Nässe aufstieg.

Eines Nachts konnte sie, wie gewöhnlich, nicht schlafen. Nackt richtete sie sich in ihrem Wolkenbett auf. Als sie sich erhob, um nach Kimono und Pantöffelchen zu greifen, löste sich ein winziger Tropfen Honig von ihrem Geschlecht, rollte an ihrem Bein herab, befleckte den weißen Teppich. Fay war verblüfft über Alberts Selbstbeherrschung, über seine Zurückhaltung. Wie konnte er nach diesen Küssen und Liebkosungen seine Begierde unterdrücken und schlafen? Er hatte sich nicht einmal ganz ausgezogen. Seinen Körper hatte sie noch nie gesehen.

Sie beschloß, das Zimmer zu verlassen und umherzuwandern, bis sie sich wieder beruhigt hatte. Ihr ganzer Körper pulsierte. Langsam schritt sie die breite Treppe hinab und in den Garten. Der Blumenduft war betäubend. Träge senkten sich die Zweige über sie, und die moosbewachsenen Pfade machten ihren Schritt vollkommen lautlos. Sie hatte das Gefühl zu träumen. Lange wanderte sie ziellos umher. Dann schrak sie zusammen, weil sie ein Geräusch hörte. Es war ein Stöhnen, ein rhythmisches Stöhnen wie das Klagen einer Frau. Das Mondlicht, das zwischen den Zweigen hindurchfiel, zeigte ihr eine farbige Frau, die nackt auf dem Moos lag; und Albert lag auf ihr. Ihr Stöhnen war ein Stöhnen der Lust. Albert kauerte über ihr wie ein wildes Tier und stieß in sie hinein. Auch er keuchte unartikulierte Laute; und Fay sah, wie sie sich vor ihren Augen in ungezügelter Lust wanden.

Keiner von beiden bemerkte Fay. Sie schrie nicht auf. Zunächst war sie vom Schmerz gelähmt. Dann eilte sie ins Haus zurück, erfüllt vom demütigenden Bewußtsein ihrer Jugend, ihrer Unerfahrenheit; Selbstzweifel quälten sie. War es ihre Schuld? Wo lag ihr Fehler? Was hatte sie Albert zu geben versäumt, obwohl er es brauchte? Warum hatte er sie verlassen und zu einer Farbigen gehen müssen? Die wilde Szene quälte sie. Sie machte sich Vorwürfe, daß sie dem Zauber seiner Liebkosungen verfallen war und möglicherweise nicht so reagiert hatte, wie er es wollte. Sie fühlte sich durch die eigene Feminität verdammt.

Albert hätte sie alles lehren können. Er hatte gesagt, er wolle sie langsam gewinnen, er werde warten. Er hätte nur ein paar Worte zu flüstern brauchen. Sie war bereit, ihm zu gehorchen. Sie wußte, daß er älter und daß sie noch unschuldig war. Sie hatte erwartet, daß er sie alles lehrte.

In dieser Nacht wurde Fay zur Frau, hielt ihren Schmerz geheim, suchte ihr Glück mit Albert zu bewahren, Klugheit und Subtilität zu beweisen. Als er an ihrer Seite lag, flüsterte sie ihm zu: »Ich wünschte, du würdest deine Kleider ablegen.«

Er schien verblüfft, war aber einverstanden. Und sie sah neben sich einen jugendlich-schlanken Körper mit dem schneeweiß schimmernden Haar, eine seltsame Mischung aus Jugend und

Alter. Er begann sie zu küssen. Dabei schon sich ihre Hand schüchtern auf seinen Körper zu. Anfangs war sie noch etwas ängstlich. Sie berührte seine Brust. Dann seine Hüften. Er fuhr fort, sie zu küssen. Ihre Hand tastete langsam nach seinem Penis. Er wich ein wenig zurück. Das Glied war schlaff. Er wich weiter zurück und begann sie zwischen den Beinen zu küssen. Immer wieder flüsterte er denselben Satz: »Du hast den Körper eines Engels. Es ist unmöglich, daß ein solcher Körper geschlechtlichen Verkehr hat. Du hast den Körper eines Engels.«

Da schlug der Zorn über Fay zusammen wie ein Fieber, der Zorn darüber, daß er seinen Penis ihrer Hand entzogen hatte. Sie richtete sich auf, daß ihr das Haar auf die Schulter fiel, und sagte: »Ich bin aber kein Engel, Albert. Ich bin eine Frau. Ich will, daß du mich liebst wie eine Frau.«

Dann kam die traurigste Nacht, die Fay je erlebt hatte, denn Albert versuchte sie zu nehmen und konnte es nicht. Er führte ihr die Hände, damit sie ihn streichelte. Sein Penis wurde hart, er suchte ihn zwischen ihre Brüste zu bringen, und dann erschlaffte er in ihren Händen.

Er war verkrampft, still. Sie sah die Qual in seinem Gesicht. Er versuchte es immer wieder. »Warte nur noch ein bißchen«, sagte er. »Bitte, warte noch ein bißchen.« Er sagte es demütig, sanft. Fay lag da, wie es ihr schien, die ganze Nacht hindurch, feucht, voller Begierde, erwartungsvoll, und die ganze Nacht lang wiederholte er seine vergeblichen Versuche, versagte, zog sich zurück, küßte sie wie zur Versöhnung. Da begann Fay zu weinen.

Diese Szene wiederholte sich zwei oder drei Nächte hindurch; dann kam Albert nicht mehr zu ihr ins Zimmer.

Und beinahe jeden Tag sah Fay Schatten im Garten. Schatten, die sich umarmten. Sie wagte das Zimmer nicht zu verlassen. Das ganze Haus war mit Teppichen ausgelegt und lautlos, und als sie einmal die Treppe emporstieg, sah sie, wie Albert hinter einem der farbigen Mädchen hinaufging und ihr die Hand unter den weiten Rock schob.

Fay war wie besessen von den stöhnenden Lauten. Ihr schien, als verstummten sie niemals. Einmal begab sie sich zu den Zimmern der farbigen Mädchen, die in einem gesonderten kleinen Haus untergebracht waren, und lauschte. Sie hörte das gleiche Stöhnen wie damals im Park. Sie brach in Tränen aus. Eine Tür wurde geöffnet. Aber es war nicht Albert, der herauskam, sondern einer der farbigen Gärtner. Er fand die weinende Fay.

Schließlich nahm Albert sie unter außergewöhnlichen Umständen doch noch. Sie wollten eine Gesellschaft für spanische Freunde geben. Obwohl Fay sonst selten einkaufte, fuhr sie in die Stadt, um einen bestimmten Safran für den Reis zu besorgen, eine ungewöhnliche Sorte, die soeben erst mit einem Schiff aus Spanien eingetroffen war. Es machte ihr Freude, den frisch ausgeladenen Safran zu kaufen. Sie hatte Gerüche schon immer geliebt, die vielen Gerüche des Hafens, der Lagerhäuser. Als man ihr die Safranpäckchen reichte, steckte sie sie in ihre Handtasche, die sie, unter den Arm geklemmt, unmittelbar an ihrer Brust trug. Der Geruch war kräftig; er durchdrang ihre Kleider, ihre Hände, ihren Körper.

Als sie heimkam, wartete Albert bereits auf sie. Er kam zum Wagen und half ihr verspielt, lachend heraus. Dabei fiel sie mit ihrem vollen Gewicht gegen ihn, und er rief aus: »Aber du riechst ja nach Safran!«

Als er sein Gesicht an ihre Brust drückte und tief einatmete, entdeckte sie ein merkwürdiges Funkeln in seinen Augen. Dann küßte er sie. Er folgte ihr ins Schlafzimmer, wo sie die Handtasche aufs Bett warf. Die Handtasche öffnete sich. Der Duft von Safran erfüllte das Zimmer. Albert warf sie voll angekleidet aufs Bett und nahm sie ohne Küsse oder Liebkosungen.

Hinterher sagte er glücklich zu ihr: »Du riechst wie eine Farbige!« Der Bann war gebrochen.

Safran, Crocus sativus. Bei Albert ist es der Duft, der nicht nur »ein merkwürdiges Funkeln in seinen Augen« bewirkt, sondern auch, daß er Fay endlich zur Frau macht. Im Grunde sind es nicht die Gerüche, die anregend und berauschend wirken, sondern die Safran-Fäden. Schon die alten Griechen wußten, daß die gelben Krokusstempel die sinnlichen Begierden des weiblichen Geschlechts anregen. Zudem heißt es, daß sie den Geschlechtstrieb junger Männer stärken. Nun, wenn beides stimmt und Mann und Frau in Safran schwelgen, wird das wohl nicht das einzige Schwelgen bleiben. Ein äußerst intensives Erlebnis könnte die lustvolle Folge sein, denn Safran enthält ein ätherisches Öl, »das psychoaktiv und erregend wirkt und lange, eigentümliche Orgasmusgefühle bereitet« – aber Vorsicht: Zuviel Safran wirkt toxisch.

Aus diesem Wissen ergibt sich ein bis jetzt unerkannter Zusammenhang mit den häufigen Waldbränden in Spanien: Die berühmte Paella, zu deren herausragendsten Gewürzen der Safran gehört, wird mit Vorliebe auf einer offenen Feuerstelle bei Landpartien zubereitet. Wenn nun durch ihren Genuß noch andere Genüsse gefördert werden, ist es kein Wunder, daß nicht nur die Gefühle, sondern auch Gebüsch und Wald entflammen.

Crocus sativus war vermutlich auch Bestandteil der orientalischen Fröhlichkeitspillen, die im letzten Jahrhundert in Europa groß in Mode waren. Es handelte sich um ein Opiumpräparat, das angeblich zu erheblicher Steigerung der geschlechtlichen Lust und zu außerordentlichen sexuellen Pahntasieerlebnissen führen sollte.

Die Krokusblüte mit ihrem ausgeprägten Stempel ist zudem ein Sexualsymbol: Nahaufnahmen zeigen das in obszöner Deutlichkeit. Die vielbelächelte Aufklärung Pubertierender anhand von Blüten und Schmetterlingen ist so abwegig nicht. Gregor von Rezzori läßt den Onkel Kantakukuruz in seinen »Maghrebischen Geschichten« erzählen, wie diese Art von Einweisung ins Geschlechtsleben bei ihm vonstatten ging: »Es besuchte mich von Zeit zu Zeit ein Verwandter, ein Mann von Welt, der sich um des Angedenkens unserer teuren Eltern willen bemühte, mich erzieherisch zu fördern und über mancherlei Dinge aufzuklären. Vertraut mit den fortschrittlichen Methoden des Westens, befleißigte er sich dabei, mir Einblicke in die Verschlungenheit des Lebens so zu eröffnen, daß die zarte Seele des Kindes keiner Gefährdung ausgesetzt war. Als er darum dazu kam, daß er mir über die Beziehung der Geschlechter zueinander Rechenschaft geben sollte, wählte er voll Zartsinn solche Vergleiche, die aus der Tierwelt und dem Pflanzenreich herbeigeholt waren. Er sagte: ›Du entsinnst dich‹, so sagte mein Verwandter, ›liebes Kind, daß wir kürzlich auf der Wolfsjagd waren. Steht dir wohl auch noch im Gedächtnis, was wir mit den Zigeunerinnen taten, die wir zu unserer Zerstreuung mitgenommen hatten? Genauso‹, sagte mein Verwandter, ›machen es nämlich auch die Schmetterlinge ...‹«

Fischsuppe à la Gertrude

Aufgetauten Fisch (Krabben zur Seite legen) mit Weißwein und der Hälfte des Wassers (Rest nach Geschmack und bei Bedarf später dazugeben), Salz, kleingehackten Schalotten, gewürfelten Tomaten, in dünne Scheiben geschnittenem

Fenchel, Knoblauch, Zitrone, Lorbeer, Thymian und Peperoncino zum Kochen bringen. Wenn die Fischstücke durch sind, herausnehmen.

Tintenfisch weiterkochen, bis er weich ist, ebenfalls herausnehmen. Fisch von Haut und Gräten befreien, in Stücke zerteilen und mit den beiseite gelegten Krabben kühl stellen.

Tintenfisch in löffelgerechte Stücke schneiden (Saugnäpfe vorher abstreifen) und in den Suppenfond zurückgeben.

Safran und Öl hinzufügen, noch ein paar Minuten kochen lassen. Zum Schluß Fischstücke und Krabben dazugeben und durchziehen lassen. Vor dem Auftragen noch einmal abschmecken. Dazu sollten kleine, in Öl gebratene Weißbrotscheiben serviert werden.

Selbstverständlich kann die Suppe auch aus frischen Fischen zubereitet werden, was aber bei der geringen Menge, die man für zwei Personen benötigt, etwas umständlich scheint.

1 Tiefkühlpaket Fischsuppe mit Tintenfisch (ca. 500 g)
¼ l halbtrockener Weißwein
2 bis 3 Schalotten oder eine kleine Gemüsezwiebel
2 bis 3 Zehen Knoblauch (nach Geschmack)
2 Tomaten
1 Zitronenscheibe ohne Schale
1 Stückchen Fenchel
3 frische Lorbeerblätter
1 Zweiglein Thymian
1 Stückchen Peperoncino ohne Kerne
3 bis 4 Messerspitzen Safran
3 EL gutes Olivenöl
Salz
ca. ½ l Wasser

Risotto Milanese

Den Reis mit der in Würfel geschnittenen Schalotte in Butter anschwitzen und mit Weißwein ablöschen.

Die Safranfäden zugeben und mit der Geflügelbrühe nach und nach auffüllen.

Das Safranrisotto in ca. 20 Minuten leicht köchelnd »al dente« garen, notfalls ein wenig Weißwein nachgießen.

Zum Schluß den Parmesan mit einer Gabel unterheben. Das Risotto auf den vorgewärmten Tellern anrichten.

Mit Kerbel dekorieren.

80 g Avorio-Reis
1 Schalotte
40 g (1–2 EL) Butter
1 dl Weißwein
4 dl Geflügelbrühe
1 g Safranfäden
40 g geriebener Parmesan
Salz, Pfeffer aus der Mühle
1 Bund Kerbel, ersatzweise Blattpetersilie

Erbärmlicher Fugu

T. Coraghessan Boyle
Wenn der Fluß voll Whisky wär

»Labbriger Radicchio.«

»Erbärmlicher Fugu.«

»Eine Blasphemie aus Feldsalat, Frisée und Endivie.«

»Kulebiaki direkt aus der Hölle.«

Seit einem halben Jahr kannte er nur ihr Pseudonym – Willa Frank – und die ätzende Schärfe ihrer Adjektive, die höhnische Wucht ihrer Metaphern, die kalte Präzision ihrer Substantive. Egal, um was für ein Gericht es sich handelte, egal, wie zuverlässig und genial der Koch war, wie frisch und erlesen die Zutaten, sie hatte immer etwas auszusetzen. »Die Ente war zu etwas verbrutzelt, was man als Bodensatz in den tiefsten Tiefen einer Graburne zu finden erwarten würde.« – »Bei ihrer eher beißenden Pikantheit hätte die Orangensauce ebensogut auch aus in Salzlake mariniertem Zitronat bereitet sein können.« – »Sind *Pasta* und *Paste* Synonyme? Wohl kaum. Bei ›Udolpho‹ jedoch war der Unterschied praktisch nicht zu bemerken. Die ›frischen‹ Vermicelli hatten die Konsistenz von Gummiarabikum – und schmeckten auch so.«

Albert erbebte beim Lesen dieser sarkastischen Urteilssprüche, er zitterte und wurde kreidebleich, und das Herz sank ihm in die Hose wie eine Kartoffelkrokette in eine Friteuse mit heißem Fett. An dem Morgen, an dem ihr Verriß von »Udolpho« erschien, saß er bei einer Tasse aufgewärmtem Espresso und knabberte an einem Eckchen Haselnuß-Baiser, das den Andrang vom Abend zuvor überlebt hatte. Wie immer am Freitag hatte er die Zeitung von der Fußmatte geholt, sich etwas zu essen genommen und dann, voll des tollkühnen Wagemuts, mit dem man zum Sprung in einen eisigen See ansetzt, die Kolumne »Essen und Trinken« aufgeschlagen. Jede zweite Woche trat Willa Frank diese Rubrik an die andere Rezensentin der Zeitung ab; Leonora Merganser, eine großherzige, verständnisvolle Frau, betrachtete jedes Restaurant mit den Augen einer Mutter von acht Kindern, die am Muttertag von ihrer Familie zum Essen eingeladen wird, und verfaßte Loblieder in einem atemlosen, speichelfeuchten Redeschwall, der den Leser aus dem Sessel hinaus direkt ans Telefon schwemmte, wo er sich sogleich hektisch einen Tisch reservieren ließ. Doch diese Woche war Willa Frank an der Reihe. Und Willa Frank gefiel es nirgends.

Mit zitternden Fingern – es war nur eine Frage der Zeit, bis sie sich wie eine Spionin, wie eine Mörderin, bei »D'Angelo« einschleichen und ihn wie all die anderen zerfleischen würde – strich er die Seite glatt und starrte auf die großen schwarzen Lettern der Überschrift:

UDOLPHO: HÖHLENMENSCHEN-CUISINE
IN GRUFT-ATMOSPHÄRE

Er las weiter, mit einem Kloß im Hals. Sie hatte dem Restaurant drei Besuche abgestattet, einmal in Gesellschaft eines abstrakten Malers aus Detroit und zweimal mit ihrem ständigen Begleiter, einem jungen Mann mit so feinen Geschmacksnerven, daß sie ihn stets nur als »Der Gaumen« bezeichnete. Bei allen drei Gelegenheiten war sie – schnüff – enttäuscht worden. Die Jahrhundertwende-Gaslampen, einst von Udolphos Großvater aus Neapel mit herübergebracht, hatten ihr mißfallen (»so düster, daß wir witzelten, es wäre wie ein Abendessen bei den Neandertalern im zweiten Kellergeschoß der Höhle«), ebenso das flackernde Feuer in der aus Stein gemauerten, mächtigen Feuerstelle, die den Raum beherrschte (»überall Qualm, außerdem stank es nach verkohlten Kastanien«). Und dann das Essen. Als Albert zu dem Satz über die Pasta kam, konnte er nicht weiterlesen. Er faltete die Zeitung so behutsam, wie er das Leichentuch über Udolphos zermalmten Körper gebreitet hätte, und legte sie beiseite.

In diesem Moment trat Marie durch die Schwingtür in die Küche, in der Hand die nasse Stoffserviette, die sie zum Geschirrspülen benutzt hatte. »Albert?« fragte sie aufgeregt und blickte beunruhigt erst auf sein gramerfülltes Gesicht, dann auf die Zeitung. »Stimmt etwas nicht? Hat sie ...? Heute?«

Sie vermutete das Schlimmste, daher korrigierte er sie, aber es klang so kummervoll, als wäre es sein letzter Atemzug: »Udolpho.«

»Udolpho?« Erleichterung schwang in ihrer Stimme mit, machte aber umgehend ungläubiger Empörung Platz. »Udolpho?« wiederholte sie.

Traurig wiegte er den Kopf. Dreißig Jahre lang hatte »Udolpho« unter den Restaurants auf der West Side unangefochten regiert; ein Lokal, das sich von keinen Moden und Trends vereinnahmen ließ, niemals schick, aber beständig – von einer Klasse, die keine *nouvelle mangerie* in Pastelltönen und mit Breuer-Stühlen je erreichen konnte. Cagney hatte dort gegessen, Jimmy Durante, Roy Rodgers, Anna Maria Alberghetti. Es war ein Schrein, eine Institution.

Albert selbst hatte als feister, unglücklicher Zwölfjähriger, den alle wegen seines Bäuchleins und seines gigantischen, unstillbaren Appetits verspotteten, die größte Offenbarung seines Lebens bei einem von Udolphos dunklen, verrauchten und – für ihn jedenfalls – unvergeßlich exotischen Festmahlen erlebt. Beim Kosten der Vermicelli mit Öl, Knoblauch, Oliven und Waldpilzen, des Ossobuco mit den kleinen gedrehten Farfalloni zum Aufsaugen der butterschweren Sauce hatte er gewußt – ebenso sicher wie Alexander der Große gewußt hatte, daß er zum Erobern geboren war: Er, Albert D'Angelo, war zum Essen geboren. Und das war auch nichts, dessen er sich hätte schämen müssen: Es war großartig, Berufung und Zeitvertreib zugleich, es war der höchste Gipfel seines Strebens. Andere Jungen hatten Sportleridole wie Snider und Mays, Reese und Mantle, doch für Albert lauteten die magischen Namen Pellaprat, Escoffier, Udolpho Melanzane.

Ja. Und nun war Udolpho nichts mehr. Dafür hatte Willa Frank gesorgt.

Marie beugte sich vor und las den Artikel, ihre piepsige Mädchenstimme bebte vor Entrüstung. »Die ist auch mit nichts zufrieden.«

Albert zuckte die Achseln. Seit der Eröffnung von »D'Angelo« vor anderthalb Jahren hatte ihn die Presse praktisch ignoriert. Na ja, bis auf einen Absatz in ›Barbed Wire‹, dem alternativen Wochenblatt, das von Typen mit fettigen Haaren und mit Metallstiften im Nasenflügel an den Straßenecken verteilt wurde, aber das konnte man wohl kaum zählen. Es gab nur eine Zeitung – Willa Franks Zeitung –, die wirklich wichtig war; Mundpropaganda mochte noch so gut sein, ohne einen Artikel in *der* Zeitung war man ein toter Mann. Das Problem war nur: Wenn Willa Frank über einen schrieb, war man es ebenfalls.

»Vielleicht kriegst du die andere«, sagte Marie unvermittelt. »Wie heißt sie noch – die nette.«

Alberts Lippen bewegten sich kaum. »Leonora Merganser.«

»Wäre doch möglich.«

»Ich will Willa Frank«, fauchte er.

Marie runzelte die Stirn. Sie faltete die Zeitung zusammen und ging zu ihm hin, stieß sich leicht von seinem Bäuchlein ab und hauchte ihm einen Kuß auf den Bart. »Das kann doch nicht dein Ernst sein?«

Albert sah sich verbittert im Restaurant um: schlichte Holztische, weißgetünchte Wände, Topfpalmen, weich im Licht der Morgensonne. »Leonora Merganser würde in der Hamburgerbude an der Ecke in Ekstase fallen, in ›Long John Silvers Fischkneipe‹, überall. Das ist doch keine Herausforderung.«

»Herausforderung? Aber wir brauchen doch keine Herausforderung, Liebling – wir brauchen Kundschaft, stimmt's? Ich meine, wo wir doch heiraten wollen und so –«

Albert setzte sich schwerfällig und nahm kläglich einen Schluck von seinem kalten Espresso. »Ich bin ein guter Koch, oder?« Irgend etwas an seinem Tonfall verriet ihr, daß es nicht nur eine rhetorische Frage war.

»Ach, Liebling«, sie saß jetzt auf seinem Schoß, zupfte an seinem Haar, das Gesicht dicht an seinem Ohr, »natürlich bist du das. Der Beste. Der Allerbeste. Aber –«

»Willa Frank«, knurrte er. »Willa Frank. Ich will sie.«

Es gibt Abende, da fügt sich eins ins andere: Da ist der Seeteufel so frisch, daß er sich auf dem Grill fast von selbst zerlegt, das

Pesto ist wie ein Windhauch im Pinienwald, und die Acht-Personen-Gesellschaft bekommt ihre sieben Vorspeisen und sechs Hauptgerichte in einer Palette aus zarten Farben und dampfenden Schwaden so perfekt serviert, als hätte ein einziger Gast zu einem einzigen Gang Platz genommen. Heute jedoch war nicht so ein Abend. Es war ein Abend, an dem alles schiefging.

Es fing damit an, daß ärgerlicherweise Eduardo – der chilenische Kellner, der nach der Manier von Chico Marx hie und da ein unnötiges A an seine Worte anhängte, um so als Italiener durchzugehen – zu spät erschien. Deshalb geriet Marie mit den Desserts, für die sie allein zuständig war, aus dem Zeitplan, denn sie mußte das erste halbe Dutzend Gäste an die Tische geleiten und bedienen. Als nächstes stellte Albert kurz nacheinander fest, daß ihm das Mesquiteholz zum Grillen ausgegangen war, außerdem die sonnengetrockneten Tomaten für die Fusilli mit Pilzen, Kapern, schwarzen Oliven und, nun ja, sonnengetrockneten Tomaten eben, und daß die frische Sahne für die Frittata piemontese rätselhafterweise sauer geworden war. Schließlich, gerade als er sein inneres Gleichgewicht und jenen erhabenen Geisteszustand wiedergefunden hatte, in dem Körper und Verstand eins sind, flippte Roque aus.

Von den fünf Angestellten des Restaurants – Marie, Eduardo, Torrey, die tagsüber sauber machte, Albert selbst und Roque – hatte Roque die wohl elementarste Funktion inne. Er war der Tellerwäscher. Tellerwäscher aus Yucatán. Der dafür verantwortlich war, daß das rosagraue Geschirr bei »D'Angelo«, schweres Porzellan aus Syracus, sich während des abendlichen Trubels in ständigem Kreislauf befand. An diesem speziellen Abend jedoch nahm Roque die Herausforderung, die diese Aufgabe mit sich brachte, nur höchst widerwillig an: Wie im Traum kratzte er an den Tellern herum und handhabte er die Düse seines Druckstrahlers. Und nicht nur bewegte er sich so langsam, daß das Geschirr, voller Fettränder und Resten von roter und weißer Sauce, sich neben ihm auftürmte wie die Watts Towers, obendrein murmelte er ständig vor sich hin. Finster. In einem so fremden Dialekt, daß selbst Eduardo kein Wort verstand.

Als Albert ihn zur Rede stellte – ein wenig zu schroff vielleicht, er war ja selbst überlastet –, explodierte Roque. Albert hatte nichts weiter gesagt als: »Roque – ist irgendwas?« Aber ebensogut hätte er Roques Mutter, seine vierzehn Schwestern und sein Heimatdorf beleidigen können. Fluchend stieß sich Roque von dem Becken aus rostfreiem Stahl ab, riß sich die Schürze vom Leib und ging daran, Teller gegen die Wand zu schmettern. Erst mit den vereinten Kräften von Alberts zwei Zentnern und Eduardos zweiundachtzig Kilo gelang es, Roque, der samt Schaftstiefeln nicht mehr als vierundfünfzig Kilo wiegen konnte, hinaus in die Gasse hinter dem Lokal zu befördern. Gemeinsam knallten sie ihm die Tür, auf die er dann noch eine halbe Stunde lang mit seinem Stiefel einprügelte, vor der Nase zu, während Marie mit einem Seufzer nach dem Geschirrtuch griff: eine Katastrophe. Rein, unverfälscht, ohne Einschränkung. Der Abend war eine Katastrophe.

Albert hatte gerade wieder etwas Zeit wettgemacht, da kam Torrey durch die hintere Tür in die Küche getappt, die knochige Hand zum Gruß erhoben. Torrey, eine blasse, eingefallene Neunzehnjährige mit einer knallrot gefärbten Igelfrisur, sprach mit dem quäkenden Tonfall und den flachen Vokalen der geborenen Angelinos. Sie wollte einen Vorschuß.

»*Momento, momento*«, sagte Albert und huschte an ihr vorbei, in der einen Hand einen Topf voller Béarnaise, in der anderen ein Mayonnaiseglas mit grellorangefarbenem Seeigelrogen. Beim Kochen gebrauchte er gern sein rudimentäres Italienisch. Es gab ihm das Gefühl, als könnte ihm nichts etwas anhaben.

Unterdessen schlurfte Torrey etwas ratlos durch die Küche und stellte sich hinter das runde Fenster des rechten Schwingtürflügels, von wo sie, solange sie nichts Besseres zu tun hatte, die Gäste beim Essen, Trinken, Rauchen und Befingern der Torten beobachtete. Die *Sauce béarnaise* bildete eine wunderschöne Lache auf dem Teller mit der Portion gedünstetem Sommerkürbis, der Seeigelrogen war ein spitz zulaufender Klecks auf dem Seeteufelfilet, das dampfend in der Vertiefung der Anrichteplatte lag, und Albert überlegte gerade, ob er Torrey einen Sondertarif anbieten sollte, falls sie zum Geschirrspülen dabliebe, als sie einen leisen Pfiff ausstieß. So pfiff man nicht nach einem Taxi und auch nicht bei einem Popkonzert, sondern es war die Sorte Pfiff, die Überraschung oder Erschrecken ausdrückt – ein Pfiff vom Typ »Nicht zu fassen, Mensch!«. Albert erstarrte. Etwas Gräßliches lag in der Luft, das wußte er, genauso wie er wußte, daß sich die Härchen rings um die kahle Stelle auf seinem Kopf mit einem Mal sträubten.

»Was denn?« wollte er wissen. »Was ist los?«

Torrey drehte sich zu ihm um, langsam wie ein Scharfrichter. »Ihr habt ja heute Willa Frank zu Gast – läuft alles gut?«

Der Seeteufel fing Feuer, die Béarnaise wurde flüssig wie Wasser, Marie ließ zwei Tassen Kaffee und einen Teller mit hausgemachtem Blätterteiggebäck fallen.

Egal. Im nächsten Augenblick drängten sich alle vor dem kleinen runden Fenster und spähten so angestrengt hindurch wie Torpedoschützen durch ihr Periskop. »Welche ist es?« zischte Albert, dessen Herz raste.

»Da drüben?« sagte Torrey in fragendem Ton. »Mit Jock – Jock McNamee? Der da mit der blonden Perücke?«

Albert spähte, konnte aber nichts sehen. »Wo? Wo?« rief er.

»Da? In der Ecke?«

In der Ecke, in der Ecke. Albert sah eine junge Frau, ein Mädchen, eine Blondine in einem schwarzen Cocktailkleid ohne BH, die gegenüber einem massigen Riesen mit einer von wasserstoffblonden Strähnen durchzogenen Bürstenfrisur saß. »Wo?« fragte er noch einmal.

Torrey zeigte hin.

»Die Blondine?« Er sah, wie neben ihm Marie erbleichte. »Aber das kann doch nicht ...« Ihm fehlten die Worte. *Das* war Willa Frank, die Doyenne der Feinschmecker, die Grande Dame der Haute Cuisine, die gnadenlose Verfolgerin alles Fehlerhaften, Unausgereiften und Mißlungenen? Und dieser Lümmel neben ihr, der mit den großen, mahlenden Kiefern und den keulenartigen Unterarmen – *das* sollte der Besitzer des feinsten, wählerischsten, verwöhntesten und heikelsten Gaumens in der ganzen Stadt sein? Nein, einfach unmöglich.

»Weil, ich kenn' den nämlich, ja?« sagte Torrey. »Jock, ja? Einer aus dem Anti-Club, aus dieser Ecke, alles klar?«

Aber Albert hörte nicht zu. Er beobachtete sie – Willa Frank – so gebannt wie der Rohrsänger, der es wagt, der Kobra in die Augen zu blicken. Sie war schmal, hübsch, mit Augen, so dunkel wie die einer Huri, jede Menge Schmuck – ganz und gar nicht, was er erwartet hatte. Er hatte sich eine blasse, elegante Mittfünfzigerin vorgestellt, etwas steif, patrizisch, aus Boston oder Newport, so in der Gegend. Aber Moment, Moment: Eduardo servierte gerade das Essen – für sie natürlich die Spinatkutteln –, ein gutes Gericht, ein Gericht, zu dem er jederzeit stehen konnte, selbst an schlechten Tagen wie ... Aber der »Gaumen«, was hatte der bestellt? (...) Albert beugte sich angestrengt vor, spürte dabei Maries haltlose, kraftlose Hand, die matt die seine drückte. Aha: die Kalbspiccata, ja, eine sehr gute Wahl, eine hervorragende Wahl. Ja. Ja.

Eduardo entfernte sich mit einer Verbeugung. Der große Kerl mit der Punkfrisur beugte sich über seinen Teller und schnupperte daran. Willa Frank – blond, entzückend, tödlich – zerschnitt eine Kuttel und hob die Gabel an die Lippen.

»Sie fand es gräßlich. Das weiß ich. Das weiß ich.« Albert wiegte sich auf dem Stuhl vor und zurück, das Gesicht in den Händen verborgen, die Haartolle ringelte sich auf seiner Stirn wie die Klaue eines Aasgeiers. Es war nach Mitternacht, das Restaurant geschlossen. Er saß in der Küche inmitten des Chaos, zwischen Abfällen und Spülicht, es roch nach erkaltetem Fett und alten Gewürzen, und er schnappte schluchzend und keuchend nach Luft.

Marie stand auf und massierte ihm den Nacken. Die süße, honigsamtene Marie mit ihren kräftigen, festen Armen und anmutigen Handgelenken, mit ihrem üppigen, wohlproportionierten Körper – sein Trost in einer Welt von Willa Franks. »Ganz ruhig«, sagte sie immer wieder, murmelte beschwichtigend auf ihn ein, »ganz ruhig, es war gut, wirklich.«

Er hatte versagt, und er wußte es. Warum ausgerechnet an diesem Abend? Warum konnte sie nicht kommen, wenn alles wie am Schnürchen klappte, wenn er einen klaren Kopf hatte, wenn der Tellerwäscher nüchtern und die Sahne frisch war und das Mesquiteholz sich hoch neben der Wand stapelte – wenn er sich konzentrieren konnte, zum Teufel? »Sie hat die Kutteln nicht aufgegessen«, sagte er verzweifelt. »Und das gegrillte Gemüse auch nicht. Ich hab' mir den Teller angesehen.«

»Sie kommt ja wieder«, sagte Marie. »Mindestens drei Besuche, das weißt du doch.«

Albert fischte nach einem Taschentuch und putzte sich traurig die Nase. »Ja«, sagte er, »drei Schläge, und du bist am Ende.« Er verdrehte den Hals, um zu ihr aufzusehen. »Der ›Gaumen‹, dieser Jock oder wie der Arsch heißt, der hat die Piccata gar nicht probiert. Einen Bissen höchstens. Die Pasta genausowenig. Eduardo meinte, außer dem Brot hat er nichts angerührt. Und getrunken hat er eine Flasche Bier.«

»Der versteht doch gar nichts«, sagte Marie. »Und sie auch nicht.«

Albert zuckte die Achseln. Er erhob sich mit Mühe, als wäre er auf den Scheiterhaufen seiner Niederlage gebunden, goß sich ein Glas Orvieto ein und nahm von einem Teller mit übriggebliebenem Kalbsbries. »Sie versteht alles«, erwiderte er niedergeschlagen, das Fleisch wie Butter in seinem Mund, duftig, nussig, unaussprechlich gut und genau richtig. Wieder zuckte er die Achseln. »Oder nichts. Was macht das schon? Wir werden so oder so verheizt.«

»Überhaupt ›Frank‹? Was ist denn das für ein Name? Ist das nicht deutsch? Was meinst du?« Marie hatte auf Angriff geschaltet, sie schritt auf dem Linoleum auf und ab wie ein Feldmarschall auf der Suche nach einer Schwachstelle in den feindlichen Linien, nach der Gelegenheit zum Durchbruch. »Die Franken – das waren doch in der Oberschule diese Barbaren, die Rom geplündert haben? Oder Paris?«

Willa Frank. Der Name lag ihm bitter auf der Zunge. Willa, Willa, Willa. Es war ein knochiger Name, karg und hager, bar jeder Sinnlichkeit, die Antithese der runden, vollmundigen Leonora. Es sprach daraus eine knotige, puritanische Zähigkeit, eine Verleugnung des Fleisches, kein Kompromiß im Angesicht der Versuchung. Willa. Wie konnte er sich je erhoffen, eine Willa zu betören? Und dann Frank. Das war sogar noch schlimmer. Ein Männername. Kalt, abweisend, deutsch, französisch. Es war der Name einer Frau, die ihre Aufgabe nicht durch Nächstenliebe oder Mitgefühl komplizieren würde. Nein, es war der Name einer Frau, die ihre Adjektive wie Keulen einsetzte.

Während Albert in solcherlei säuerlichen Erwägungen schmorte, dabei aß, aber nichts mehr schmeckte, wurde er durch ein Geräusch von der Hintertür aufgeschreckt. Er packte eine Kasserolle, durchmaß rasch die Küche – Was denn noch? Wollten sie ihn nun auch noch ausrauben, war es das? – und riß die Tür auf.

Im fahlen Licht der engen Gasse standen zwei kleine dunkelhäutige Männer, von denen der kleinere Roque so ähnlich sah, daß er ein Klon hätte sein können. »Hallo«, sagte der etwas größere und zog sich eine schmierige Baseballmütze vom Kopf, »ich heiße Raul, und das hier« – er zeigte auf seinen Begleiter – »ist Fulgencio, ein Cousin von Roque.« Bei Erwähnung seines Namens grinste Fulgencio. »Roque ist nach Albuquerque gefahren«, fuhr Raul fort, »er läßt sich entschuldigen. Aber er schickt Ihnen seinen Cousin Fulgencio, der wird für ihn das Geschirr spülen.«

Albert trat von der Tür zurück, und Fulgencio, der unter Grinsen und Kopfnicken die Bewegungen des Tellerwaschens nachahmte, kam herein. Immer noch grinsend und nickend machte er ein paar Sambaschritte durch die Küche, holte den Schlauch des Druckstrahlers aus der Verankerung, als zöge er ein Schwert aus der Scheide, und fiel mit einer Energie über das Geschirr her, die seinen auch recht quirligen Cousin hätte erblassen lassen.

Einen langen Moment betrachtete Albert ihn schweigend, vergaß die hinter ihm stehende Marie und sah nicht, wie Raul zum Abschied winkte und leise die Tür schloß. Auf einmal fühlte er sich erlöst, neugeboren, zu allem fähig. Hier war Fulgencio, vor kaum zwei Minuten noch ein vollkommen Fremder, und jetzt wusch er ab, als wäre er dazu geschaffen. Und da war Marie, die ihm auch beistehen würde, wenn er Kakteen und Eidechsen für die Heiligen der Wüste kochen müßte. Und da war er selbst, mit all seiner männlichen Kraft, geschickt, erfahren, einfallsreich, möglicherweise einer der großen kulinarischen Künstler seiner Zeit. Was war eigentlich los mit ihm? Weshalb jammerte er herum?

Er hatte Willa Frank gewollt. Na gut, er hatte sie bekommen. Aber an einem verpatzten Abend, an der Sorte Abend, wie sie jedem passieren konnte. Kein Mesquiteholz. Die Sahne sauer, der Tellerwäscher verrückt. Selbst Puck, selbst Soltner hätte da nicht viel ausgerichtet.

Sie würde wiederkommen. Noch zweimal. Und er würde für sie bereit sein.

Die ganze Woche über hing eine Wolke der Erwartung über dem Restaurant. Albert übertraf sich selbst und steckte die Grenzen seiner norditalienischen Nouvelle Cuisine mit einem Dutzend zusätzlicher Kreationen neu ab, darunter eine sehr aufregende *Pasta al nero* mit gegrillten Crevetten, ein würziger Hasentopf und ein absolut überwältigendes Rebhuhn in einer Marinade aus Schalotten, Weißwein und Minze. Er arbeitete wie ein Besessener, zu Höchstem inspiriert. Jeden Abend bot er sieben verschiedene Vorspeisen und sechs Hauptgerichte an, und zwar jedesmal andere. Er übertraf sich selbst wieder und wieder.

Der Freitag kam und ging. In der Morgenzeitung bejubelte Leonora Merganser irgendeinen Griechen in North Hollywood, dabei sie die *Spanakópitta* derart feierte, als wäre sie erst gestern erfunden worden, und in den Falten eines marinierten Weinblatts Zeichen göttlichen Wirkens entdeckte. Fulgencio schrubbte mit Leidenschaft die Töpfe, Eduardo kultivierte seinen Akzent und schob die Brust vor, Maries Desserts schwebten geradezu über den Tellern. Und Tag für Tag schwang sich Albert zu neuen Höhen auf.

Am Dienstag der folgenden Woche – es war ein ruhiger Dienstag, einer der ruhigsten, an die Albert sich erinnern konnte –

tauchte Willa Frank wieder auf. Nur zwei weitere Tische waren besetzt: mit einem skeletthaften Siebzigjährigen von professoralem Aussehen und seiner Enkelin – zumindest hoffte Albert, daß es seine Enkelin war – und einem Pärchen aus Beverly Hills, das schon seit Eröffnung des Lokals einmal pro Woche kam.

Ihre Anwesenheit wurde von Eduardo verkündet, der mit verzerrter Miene und einer zittrig hingekrakelten Cocktailbestellung in die Küche stürzte. »Sie ist hier«, flüsterte er, und in der Küche verstummte alles. Fulgencio erstarrte mit der Spritzdüse in der Hand. Marie sah von einem Teller mit Törtchen auf. Albert, der gerade letzte Hand an eine Portion sautierter Jakobsmuscheln *al pesto* für den Professor und eine Entenbrust mit Waldpilzen für die Enkelin anlegte, taumelte vom Tisch zurück, als wäre er angeschossen worden. Er ließ alles fallen und stürmte zu dem runden Fenster, um einen Blick auf sie zu werfen.

Es war sein Augenblick der Wahrheit, der Augenblick, in dem der Mut ihn beinahe verließ. Sie war umwerfend. Eine strahlende Erscheinung. So perfekt und unnahbar wie die gezupften, herablassenden Frauen, die ihn von den Titelbildern der Zeitschriften im Supermarkt ansahen, eisig elegant in einer hautengen béchamelfarbenen Seidenbluse. Wie konnte er, Albert D'Angelo, bei allem Talent und aller Herzensgröße jemals hoffen, sie zu rühren, derartige Vollendung zu beeindrucken, diese übersättigten Geschmacksnerven noch zu reizen?

Mit waidwundem Blick musterte er ihre Begleiter. Neben ihr saß, mit breitem Grinsen, so leutselig, gutaussehend und nichtssagend wie eh und je, der »Gaumen« – aus dieser Ecke war kein Beistand zu erwarten. Und dann sah er auf das Paar, das die beiden mitgebracht hatten, suchte nach Anzeichen von Sympathie. Er suchte vergeblich. Sie waren etwas älter, mit silbrigen Haaren, perfekt gekleidet, dünn und drahtig wie Menschen, die ihre Essensgelüste eiserner Kontrolle unterwarfen, insgesamt so mitfühlend wie Lynchmörder. Albert begriff, daß es ein harter Kampf werden würde. Er wandte sich wieder dem Grill zu, band sich eine saubere Schürze um und war auf das Schlimmste gefaßt.

Marie machte die Getränke – zwei Martinis, einen Glenlivet pur für Willa Frank und ein Bier für den »Gaumen«. Zum Auftakt bestellten sie Büffelmozzarella, die *caponata d'Angelo*, den Salat von Seepolyp und Kalbsmedaillons mit Zwiebelkonfitüre. Albert legte seine Seele in jedes Gericht, arrangierte und garnierte die Teller mit all der geduldigen Sorgfalt und der funkelnden Inspiration eines über die Leinwand gebeugten Toulouse-Lautrec und mußte niedergeschmettert mit ansehen, wie sie halbvoll in die Küche zurückkamen. Dann folgten die Hauptspeisen. Sie ließen sich eine Auswahl kommen – fünf verschiedene Gerichte –, die Albert mit versteinertem Gesicht an Eduardo übergab, dann starrte er gierig wie ein Voyeur durch das Küchentürfenster.

Gebannt sah er zu, wie sich die vier zurücklehnten, damit Eduardo die Speisen auflegen konnte. Er wartete, doch nichts geschah. Sie schenkten dem Essen kaum einen Blick. Und dann, wie auf ein Zeichen, fingen sie an, die Teller auf dem Tisch herumzuschieben. Er faßte es nicht: Was glaubten sie denn, wo sie hier waren – beim Stäbchenmenü im »Chow Foo Luck«? Doch dann begriff er: Jedes Gericht mußte zunächst dem prüfenden Auge des massigen Kerls mit dem brutalen Kinn vorgelegt werden, ehe sie es auch nur anzurühren geruhten. Niemand aß, niemand sprach, niemand hob ein Glas des 1966er Château Bellegrave an die Lippen, bevor Jock jede einzelne von Alberts Kreationen beschnüffelt, winzige erste Proben von den Fingern geleckt und dann höchst behutsam gekostet hatte. Willa saß stocksteif da, die schwarzen Augen weit aufgerissen, während der breitknochige, bürstenhaarige Riese sich konzentriert über den Teller beugte und einen Bissen Muschelfleisch oder Ente im Mund zergehen ließ. Endlich, als alle Gerichte die Runde gemacht hatten, kamen die Flußkrebse *all'Alberto* vor dem »Gaumen« zum Stillstand, wie eine Roulettekugel. Doch er hatte schon daran gerochen, hatte schon mit der Gabel darin herumgerührt. Und jetzt schob er mit einer grandiosen Geste den Teller weg und verlangte mit heiserer Stimme nach einem Bier.

Der nächste Tag war der schwärzeste in Alberts Leben. Zwei Anschläge, und der dritte würde nicht lange auf sich warten lassen. Er wußte nicht, was er tun sollte. Sein Schlaf war der eines Fieberkranken gewesen; in seinen Alpträumen hatte er Trüffeln und zum Leben erwachte Schweinsfüße zu Haschee verarbeitet, und beim Aufwachen waren ihm die wildesten Kombinationen durch den Kopf gegangen – Gurkenscheibchen mit Seehasenrogen, eine Mousse aus Zwiebeln und Zimt, eine Vinaigrette aus Feuerbohnen. Er hatte sogar, halb im Spaß, ein Phantasiemenü zusammengestellt, eine Liste von Gerichten, wie sie noch nie jemand gekostet hatte, nicht einmal Scheichs oder Präsidenten. Die Cuisine der gefährdeten Arten würde er sie nennen. Bruststück vom kalifornischen Kondor mit Pfifferlingen, Grönlandwal nach Müllerin Art, Pandabärmedaillons *alla campagnola*. Marie lachte lauthals, als er ihr diese Speisenfolge am Nachmittag aufzählte – »Ich habe eine neue Cuisine kreiert!« rief er –, und einen Augenblick lang hob sich das Bahrtuch.

Doch ebenso rasch senkte es sich wieder herab. Er wußte, was er zu tun hatte. Er mußte sie ansprechen, seine härteste Kritikerin, und zwar über das Medium seiner Küche. Er mußte für sie übersetzen, mußte sie mit einem Kuß erwecken. Aber wie? Wie konnte er sie auch nur ansatzweise aus ihrem Schlummer reißen, wenn dieser Bauerntölpel zwischen ihnen stand wie ein Wachhund?

Wie sich herausstellen sollte, lag die Antwort viel näher, als er hätte ahnen können.

Es war spät am folgenden Nachmittag – am Donnerstag, dem Tag, bevor Willa Franks nächster Verriß in der Zeitung fällig war –, und Albert saß an einem Tisch im hinteren Teil des abgedunkelten Restaurants und grübelte über der Speisekarte. Er war sich nahezu sicher, daß sie ihm an diesem Abend ihren letzten Besuch abstatten würde, und immer noch hatte er keine Idee, wie er sich reinwaschen könnte. Lange Zeit gab er sich seinem Unglück hin und sah geistesabwesend Torrey zu, die gerade mit dem Rohr des Staubsaugers unter den vorderen Tischen herumfuhrwerkte. Hinter ihm, in der Küche, köchelten Saucen, schmorte eine Kalbslende; Marie war beim Brotbacken, und Fulgencio schichtete Holz auf. Er mußte Torrey ganze fünf Minuten beobachtet haben, als er sie plötzlich ansprach. »Torrey!« schrie er gegen das Dröhnen des Staubsaugers an. »Torrey, schalt das Ding doch mal eine Sekunde ab, bitte!«

Das Dröhnen erstarb zum Wimmern, dann war es still. Torrey blickte auf.

»Dieser Kerl – wie heißt er noch? Jock? –, was weißt du eigentlich von dem?« Er sah kurz auf die vollgekritzelte Speisekarte, dann wieder zu Torrey. »Ich meine, weißt du vielleicht, was er gern ißt, hast du zufällig eine Ahnung?«

Torrey schlurfte über den Boden und kratzte sich das kurze Stoppelhaar. Sie trug ein zerrissenes Flanellhemd, das ihr drei Nummern zu groß war. Unter ihrem linken Auge war ein Fettfleck. Sie brauchte eine Weile, die Zunge in den Mundwinkel geklemmt, die Stirn nachdenklich gerunzelt. »Ganz simples Zeug, glaub ich«, sagte sie schließlich mit einem Achselzucken. »Holzkohlensteaks, Kartoffeln in der Schale, gekochte Erbsen und so was

– eben so Sachen, wie seine Mutter immer gekocht hat. Na ja, also eben so irisches Arme-Leute-Essen, nich?«

Albert hatte an diesem Abend viel zu tun – extrem viel, das Lokal war gesteckt voll –, doch als Willa Frank und ihr »Gaumen« um Viertel zehn hereingeschlendert kamen, war er vorbereitet. Sie hatten reserviert (unter einem falschen Namen natürlich – M. Cavil, Tisch für zwei), und Eduardo konnte sie sofort an ihre Plätze geleiten. Dann stürmte er herein, atemlos, die vertraute Meldung wie eine Sturmglocke auf den Lippen – »Sie ist hier!« –, und schon huschte er wieder hinaus, mit den Getränken: ein Glenlivet pur, ein Bier. Albert sah nicht einmal auf.

Auf dem Herd jedoch stand ein kleiner Topf. Und in dem Topf kochten drei knollige, runzlige Kartoffeln, voller Augen und mit intakter, schmutzbefleckter Schale, ungestüm vor sich hin; dazwischen tanzte der Inhalt einer großen Dose Billig-Erbsen aus dem Discountladen in dem sprudelnden Wasser. Albert summte bei der Arbeit vor sich hin, während er einen Zackenbarsch ausnahm und zusammen mit Garnelen, Krabben und Jakobsmuscheln in einer großen Pfanne anbriet, Knoblauch und Porree kleinschnitt und ein dickes Stück Gänseleber auf eine Scheibe Rinderfilet plazierte. Als etwa zwanzig Minuten später der immer noch atemlose Eduardo mit ihrer Bestellung zur Küche hereingefegt kam, nahm Albert ihm den gelben Zettel ab und riß ihn mittendurch, nachdem er einen flüchtigen Blick darauf geworfen hatte. Die Stunde Null war da.

»Marie!« rief er. »Marie, schnell!« Er setzte seine gehetzteste Miene für sie auf, die Miene eines Mannes, der sich am Rande des Abgrundes an einem Grasbüschel festhält.

Marie erstarrte. Sie stellte ihren Cocktailshaker hin und wischte sich die Hände an der Schürze trocken. Eine Katastrophe lag in der Luft. »Was ist los?« keuchte sie.

Ihm sei der Seeigelrogen ausgegangen. Und das Fischfumet. Und Willa Frank habe soeben das Barschfilet in Oursinade bestellt. Keine Zeit sei zu verlieren – sie müsse sofort ins »Edo Sushi House« hinüberfahren und von Greg Takesue genügend ausleihen, daß sie den Abend über auskämen. Albert habe schon angerufen. Es stehe alles bereit. »Fahr schon, fahr los«, sagte er und rang die großen weißen Hände.

Den Bruchteil einer Sekunde zögerte sie. »Aber das ist auf der anderen Seite der Stadt – wenn ich dafür nur eine Stunde brauche, dann hab ich noch Glück.«

Nun kam der Eine-Frage-von-Leben-und-Tod-Blick zum Einsatz. »Fahr los«, sagte er. »Ich halte sie hin.«

Kaum war die Tür hinter Marie zugefallen, ergriff Albert Fulgencio am Arm. »Ich möchte, daß du dir kurz freinimmst«, rief er und versuchte, das Zischen der Spüldüse zu übertönen. »Eine Dreiviertelstunde. Nein, lieber eine ganze Stunde.«

Fulgencio hob die dunklen aztekischen Wimpern und sah ihn an. Dann setzte er ein breites Grinsen auf. »*No entiendo*«, sagte er.

Albert machte es in Zeichensprache vor. Dann zeigte er auf die Uhr, und nach hektischem beiderseitigem Kopfnicken war Fulgencio verschwunden. Munter vor sich hinpfeifend (*Core 'ngrato*, eines der Lieblingslieder seiner verstorbenen Mutter), huschte Albert an die Fleischtruhe und zog den hartgefrorenen Klumpen aus Fett und grauem Knorpel heraus, den er am Nachmittag im Supermarkt um die Ecke erstanden hatte. Nackenstück hieß das dort, zu 2 Dollar 39 das Pfund. Er riß das Ding aus der Plastikfolie, griff nach seiner größten Bratpfanne, drehte das Gas darunter voll auf und ließ den steinharten Brocken ohne viel Federlesens in die sengende schwarze Tiefe des Kochgeräts fallen.

Eduardo hastete ein und aus, fand keine Zeit, nach dem Grund für die Abwesenheit von sowohl Marie als auch Fulgencio zu fragen. Hinaus gingen die Tournedos Rossini, das Barschfilet in Oursinade, die Kalbslende mit Salbei und Koriander, die *anguille alla veneziana* und die *zuppa di datteri Alberto*; herein kamen die schmutzigen Teller, die fettigen Gabeln, die mit Butter und Lippenstift verschmierten Weingläser. Eine gewaltige Qualmwolke erhob sich über der Pfanne auf der vorderen Flamme. Albert pfiff weiter vor sich hin.

Und dann, während eines von Eduardos wilden Sturmläufen durch die Küche, ergriff ihn Albert beim Arm. »Hier«, sagte er und schob ihm einen Teller hin. »Für den Begleiter von Miss Frank.«

Eduardo starrte verdutzt auf den Teller in seiner Hand. Arrangiert mit der ganzen Finesse eines Mensa-Spezialmenüs, lagen darauf drei gekochte Kartoffeln, ein Löffel verschrumpelte Erbsen und etwas, das sich nur als Schuhsohle bezeichnen ließ, hart und platt wie ein Hackklotz, schwarz wie der Boden der Pfanne.

»Vertrau mir«, sagte Albert und führte den sprachlosen Kellner an die Tür. »Ach so, hier«, damit schob er ihm noch eine Flasche Ketchup in die Hand, »servier ihm das dazu.«

Nichtsdestotrotz widerstand Albert der Versuchung, durch die Küchentür zu spähen. Statt dessen drehte er das Gas unter seinen Saucentöpfen zurück, strich sich das Haar an den Schläfen glatt und begann – ganz langsam, wie früher beim Spielen auf dem Schulhof –, bis fünfzig zu zählen. Er war noch nicht einmal bei zwanzig, als Willa Frank, grellfunkelnd in einem tomatenroten italienischen Strickkleid, durch die Tür stürmte. Eduardo folgte ihr auf dem Fuß, mit Märtyrermiene und flehentlich ausgestreckten Händen. Albert warf den Kopf zurück, streckte die Brust vor und rückte die große Kugel seines Schmerbauchs unter dem blütenweißen Viereck der Schürze zurecht. Er entließ Eduardo mit einem flüchtigen Wink und wandte sich Willa Frank zu, auf den Lippen das schmale, beherrschte Lächeln eines Wahlkandidaten.

»Verzeihung«, sagte sie mit sich überschlagender, schriller Stimme, während Eduardo wieder hinaushuschte, »aber sind Sie hier der Chefkoch?«

Er zählte immer noch: achtundzwanzig, neunundzwanzig.

»Dann will ich Ihnen mal was sagen« – sie war so zornig, daß sie kaum weitersprechen konnte –, »noch nie, noch nie in meinem Leben …«

»Schhhh«, machte er und hob den Zeigefinger vor die Lippen. »Ist ja gut«, murmelte er, und seine Stimme war so wohltuend und sanft wie eine Rückenmassage. Dann nahm er sie behutsam beim Ellenbogen und führte sie zu einem Tisch, den er zwischen dem Herd und dem Hackklotz postiert hatte. Über den Tisch gebreitet lag ein schneeweißes Tuch, und aufgedeckt war feines Kristallglas, Porzellan und Sterlingsilber, das seiner Mutter gehört hatte. Es gab nur einen Stuhl, nur eine Serviette. »Setzen Sie sich«, sagte er.

Sie riß sich los. »Ich will mich nicht setzen«, protestierte sie, und in ihren schwarzen Augen flackerte ein Verdacht auf. Das Strickkleid schmiegte sich an ihren Körper wie ein Trikot. Ihre Absätze klapperten auf dem Linoleum. »Sie wissen es, nicht wahr?« fragte sie und wich vor ihm zurück. »Sie wissen, wer ich bin.«

Groß, bärig und gelassen folgte Albert ihren Bewegungen, als würde er mit ihr tanzen. Er nickte.

»Aber weshalb – ?« Er sah die entsetzliche Vision jenes geschändeten Steaks vor ihrem inneren Auge tanzen. »Das – das ist doch Selbstmord.«

Auf einmal hielt er einen Topf in der Hand. Er war ihr so nahe, daß er durch den dünnen, weichen Stoff der Schürze die Fasern ihres Kleides spüren konnte. »Schhhh«, gurrte er, »denken Sie jetzt nicht darüber nach. Denken Sie an gar nichts. Hier«, sagte er und hob den Deckel vom Topf, »riechen Sie mal daran.«

Sie sah ihn an, als wüßte sie nicht mehr, wo sie war. Sie starrte in den dampfenden Topf und blickte dann wieder in seine Augen. Er sah die kleine, unwillkürliche Bewegung ihrer Kehle.

»Kalamari in Aïoli«, flüsterte er. »Probieren Sie einen.«

Vorsichtig, ohne sie eine Sekunde aus den Augen zu lassen, stellte er den Topf auf dem Tisch ab, nahm einen Ring aus der Sauce und hielt ihn ihr vor den Mund. Ihre Lippen – volle, sinnliche Lippen, wie er jetzt sah, ganz und gar nicht die schmalen, mürrischen Hautlappen, die er sich vorgestellt hatte – begannen zu zittern. Dann schob sie das Kinn ein winziges Stückchen vor, und ihr Mund klappte auf. Er fütterte sie wie einen jungen Vogel.

Zuerst die Kalamari: ein, zwei, drei Stückchen. Dann Hummertortellini in einer dicken Safranbuttersauce. Sie leckte ihm die Sauce praktisch von den Fingern. Als er sie diesmal aufforderte, sich zu setzen, als er seine große Hand um ihren Ellbogen legte und sie zum Tisch führte, gehorchte sie.

Während er die kleinen, mit Atascadero-Ziegenkäse überbackenen Toasts mit den sonnengetrockneten Tomaten darauf aus dem Ofen nahm, warf er einen Blick durch das runde Fenster in den Speisesaal. Jocks Kopf war tief über den Teller gebeugt, das Bier zur Hälfte getrunken, ein großer Brocken verkohltes Fleisch auf den Zinken seiner Gabel aufgespießt. Seine mächtigen Kiefer mahlten, die eine Backe war ausgebeult, als hätte er ein riesiges Stück Kautabak darin. »So«, sagte Albert leise, wandte sich wieder zu Willa Frank und legte ihr seine warme, duftende Hand auf die Augen, »eine Überraschung.«

Erst als sie die *taglierini alla pizzaiola* mit der hausgemachten Fenchelkrautwurst und den Tomatenscheiben aufgegessen hatte und die ersten Geschmackssensationen seines Halbgefrorenen aus Grapefruit und Limette erlebte, fragte sie wegen Jock. »Warum er?« wollte er wissen.

Sie probierte das Sorbet mit einem winzigen Silberlöffel und leckte sich einen Klecks davon aus dem Mundwinkel. »Ich weiß auch nicht«, sagte sie achselzuckend. »Wahrscheinlich traue ich meinem eigenen Geschmack nicht, das wird's sein.«

Er runzelte die Stirn. Er stand über sie gebeugt, innig, betulich, und bot ihr eine Pfanne mit russischen Kulebiaki dar, Lachs in Briocheteig mit dem saftigen Mark und dem Kaviar des Störs.

Sie musterte seine Hände, die jetzt das Sorbet wegzogen und dafür die schimmernden Kulebiaki hinstellten. »Ich meine«, sagte sie und unterbrach sich, als er ein Stück auf die Gabel nahm und sie damit fütterte, »oft schmecke ich überhaupt nichts, glaube ich, wirklich«, jetzt kaute sie, ihr reizender Kehlkopf hob und senkte sich beim Schlucken, »und Jock – also, der findet *alles* gräßlich. Sein Urteil ist wenigstens beständig.« Sie nahm noch einen Bissen, hielt inne und überlegte. »Und außerdem: Etwas zu mögen, es wirklich zu mögen und das dann auch öffentlich zu sagen, das ist ein furchtbares Risiko. Ich meine, was ist, wenn ich unrecht habe? Was ist, wenn es in Wahrheit mies ist?«

Albert stand dicht bei ihr. Draußen hatte es zu regnen begonnen. Vor der Tür prasselte es wie heißes Fett. »Versuchen Sie das hier«, sagte er und stellte einen Teller mit Spießchen vor sie.

Ihr war warm. Ihm war warm. Der Ofen glühte, der Grill zischte, die Düfte seiner Kreationen stiegen rings um sie auf, Manna und Ambrosia. »Mmm, gut«, meinte sie und knabberte geistesabwesend an etwas Prosciutto und Mozzarella. »Ich weiß nicht«, sagte sie nach einer Weile. Ihre Finger waren braun von Anchovissauce. »Ich glaube, deswegen mag ich auch so gerne Fugu.«

»Fugu?« Albert hatte irgendwann schon einmal davon gehört. »Etwas Japanisches, oder?«

Sie nickte. »Es ist ein Kugelfisch. Sie bereiten ihn als Sushi zu oder in kleinen, gebratenen Streifchen. Aber am besten ist die Leber. Hier bei uns ist sie verboten, wußten Sie das?«

Albert wußte es nicht.

»Man kann daran sterben. Sie enthält ein Lähmungsgift. Aber wenn man nur davon kostet, nur ein kleines Stückchen, dann betäubt es die Lippen, die Zähne, den ganzen Mund.«

»Was meinen Sie damit – etwa so wie beim Zahnarzt?« Albert war bestürzt. Es betäubte die Lippen, den Mund? Der reinste Frevel. »Das ist ja furchtbar«, sagte er.

Sie wirkte schüchtern, wirkte verschämt.

Er wandte sich zum Ofen und drehte sich wieder um, eine weitere Pfanne in der Hand. »Bloß einen Bissen noch«, lockte er.

Sie klopfte sich auf den Bauch und schenkte ihm ein offenes, breites, erblühendes Lächeln. »O nein, nein, Albert – kann ich Sie Albert nennen? – nein, nein, ich kann nicht mehr.«

»Komm«, sagte er, »komm doch«, mit einer Stimme so sanft wie die eines Liebhabers. »Mach den Mund auf.«

Glücklich, wer eine erotische Stimme hat. Nicht nur Schauspieler und Sprecher profitieren von ihren außergewöhnlichen Stimmbändern. Auch jeder andere, der mit einer sinnlichen Stimme ausgestattet ist, hat mehr Erfolg im Leben allgemein und ganz besonders beim anderen Geschlecht. Was nützt es, wenn ein Beau den Mund aufmacht und eine Art Schafsgeblök der Kehle entfährt? Oder wenn das entzückendste Mädchen der Welt eine Stimme hat wie eine Kreissäge? Viele Theaterstücke und Filme beziehen ihren oft mäßigen Witz aus den Stimmen piepsiger Vorstadtblondinen, die zu umwerfenden Vamps mutieren, oder denen von tolpatschigen Jünglingen, welche dann auch noch einen Sprachfehler haben, was ja bekanntlich ganz besonders lustig ist.

Andererseits bringt auch die aufregendste Stimme nichts, wenn die Sprache nicht mitspielt. Holländisch oder Deutsch ist mit Sicherheit für Liebesschwüre ungleich weniger geeignet als Russisch oder Italienisch. Manche halten die russische Sprache für die sinnlichste schlechthin, sozusagen mit Direkt-Anschluß vom Ohr zum Unterleib. Das mag bei geschnurrten Komplimenten und geraunten Wünschen der Fall sein. Aber es soll bekanntlich vorkommen, daß zwischen Flirt und Bett noch ein kleiner Zwischengang eingelegt wird, ja, sogar daß dieser Zwischengang zum Höhepunkt wird.

Den geeigneten Rahmen für derartige Vorspiele mit oder ohne Folgen bilden vorwiegend Restaurants der gehobenen Klasse. Allein die Namen der Speisen müssen schon auf der Zunge zergehen. Dafür eignen sich, das ist wohl unbestritten, Kalamari in Aïoli und Taglierini alla pizzaiola enschieden besser als Borschtsch oder Schtschi. Wenn Meisterkoch Albert seine Widersacherin Willa Frank unter sanftem Gurren füttert, ihr Hummertortellini in Safranbuttersauce einlöffelt, ihr Denken ausschaltet und all ihre Sinne nur noch auf das einzige hinführt, das zählt: seine Kochkunst, dann kann nur noch ihre totale Kapitulation folgen. »Komm«, sagte er, »komm doch«, mit einer Stimme, so sanft wie die eines Liebhabers. »Mach den Mund auf.«

Tagliatelle à la panna

300 g Tagliatelle (frisch vom Pasta-Geschäft oder eine sehr gute Fertigware)
50 g Butter
50 bis 100 g Parmesan, frisch gerieben
300 g Rahm
Salz, schwarzer Pfeffer
Muskatnuß

Nudeln in reichlich sprudelndem Salzwasser al dente kochen, abtropfen lassen.

Butter in einer feuerfesten Form schmelzen, die Tagliatelle dazugeben. Sie dürfen nicht bräunen.

Parmesan darüberstreuen und gut durchmischen, dann mit Rahm angießen und die Nudeln immer wieder mit zwei Gabeln hochziehen, bis Käse und Rahm gut über alle Tagliatelle verteilt sind.

Mit Salz, Pfeffer und Muskat abschmecken und dampfend servieren.

Saltimbocca von Riesengarnelen mit schwarzen Nudeln und Pesto

2 frische Riesengarnelen (ersatzweise tiefgefroren)
80 g frische, schwarze Tagliatelle (erhältlich im Feinkostladen)

Pesto:
2 dl Olivenöl (extra vergine)
1 EL Pinienkerne
1 EL junger geriebener Parmesan
etwas Zitronensaft
1 Zehe Knoblauch
10 g frisches Basilikum (ca. 2 Töpfchen)
Salz, Pfeffer aus der Mühle

Pesto: Gezupfte Basilikumblätter mit Pinienkernen, geschältem Knoblauch, Zitronensaft und geriebenem, jungen Parmesankäse im Mörser zerstoßen und mit Olivenöl zu einer geschmeidigen Masse verrühren. Mit Salz und Pfeffer abschmecken.

Tagliatelle: Beim Kochen der Nudeln darauf achten, daß hierfür eine großzügig bemessene Menge Wasser (Verhältnis ca. 1:5) verwendet wird.

Garnelen: Die Riesengarnelen von der Schale lösen, an der Rückenseite längs bis zur Hälfte einschneiden, den Darm entfernen und mit geriebenem, jungen Parmesan und kleingeschnittenem Mozzarella füllen. Den Parmaschinken auflegen und auf der Bodenseite die Riesengarnelen in einer Pfanne in Olivenöl anbraten, bei Oberhitze im Backofen fertig garen.

Die Riesengarnelen nicht salzen und pfeffern, da Schinken und Käse kräftig im Geschmack sind.

Die Nudeln in der Mitte des Tellers anrichten, die Riesengarnelen dekorativ davor setzen, beides mit dem Pesto leicht überträufeln.

1 Scheibe Parmaschinken
Mozzarella
Parmesan

Das Brautverstecken

Oskar Maria Graf
Das bayrische
Dekameron

Damals wie der Langhammer-Hans und die Windmoser-Marie von Peichlwang beim Seewirt in Aufdorf ihre Hochzeit feierten, hat der Finschl-Michl ganz allein das Brautverstecken besorgt. Er und die Marie sind – um den Suchenden das Finden ja recht schwer zu machen – einfach in die Kammer vom Postboten Lechner hinauf, welcher seit Jahr und Tag beim Seewirt im zweiten Stock logiert.

Recht nett und gemütlich hat der Lechner seine Junggesellenkammer eingerichtet. Außer den sonstigen Möbeln steht auch noch ein breiter Diwan drinnen, drüber hängen – als besonderer Prunk – die Tabakspfeifen, ein ganzes Register. Auf diese Sammlung ist der Lechner nicht wenig stolz. Uralte und nagelneue, lange und kurze, rare Prachtstücke und gewöhnliche Dinger sind darunter. Ein schönes Bild macht die Gruppe.

Dunkel war's schon, als der Michl und die Marie in die Kammer kamen. Vom Tanzen schwitzten sie noch, und vom Stiegenhinaufrumpeln keuchten sie. Kichernd und lachend standen sie da.

»So, do find't üns so schnell koana, Marie«, sagte der Michl und riegelte die Tür zu. »Dös denkt koana, daß mir do herobn san.« Wie er sich aber umdrehte und wieder zurückkam, trat er der Marie auf die Füße.

»Au! Auweh!« jammerte die, denn so ein Nagelschuhtritt tut weh.

»Jessaß – Jessaß … Sei stad, Marie, sei stad!« beruhigte sie der Michl. »Hock di hi, Marie! … Geh weita!« Und als sie auf dem Diwan saß, wollte er gleich den barmherzigen Samariter spielen.

»Na, nana! Na, Michi, loß's bleibn! Es is scho wieda rum!« wehrte die Hochzeiterin ab. »Loß mein Fuaß aus, i gspür scho nix mehr!«

Wie aus Zufall fuhr der Michl vom unteren Fuß weiter wadelaufwärts. Bloß so.

»Loß's bleib'n, Michi!« sagte sie wiederum und drückte ihre Hand auf dem Rock dagegen. Der Michl griff nicht mehr weiter, ließ aber seine Hand, wo sie war, und sagte bloß: »Gott sei Dank – i bin ja froh, daß i dir it weh to hob.«

Jetzt hörten die zwei die Suchenden drunten vor der Wirtshaustür auf der Straße. Die Marie reckte sich zum Fenster hin und lachte leicht auf: »Hm, dö suacha üns an Stoi hint'n.«

»Dö moana, mir macha üns küahdrecki!« sekundierte der Michl ebenso, und jetzt war er schon beim runden, prallen Knie der Hochzeiterin.

»Geh, aba Michi!« fiel dieser das Wehren wieder ein, aber sie mußte doch lachen.

»Herrgott, Marie, do kriagt er aba wos Richtigs, der Hans«, konstatierte der Michl und setzte noch einnehmender dazu: »Wenn bei dir überoi sovui dahoam is, do kann er si gratalier'n, der Hans.«

»I – hja, waar scho guat«, protzte sich die Marie ein wenig, strich aber gleich wieder auf ihrem Rock dagegen: »Jetz gibst amoi a Ruah, Bazi … Scham di doch, Michi.«

»Aba a Bussei kriag i, Marie?« lenkte der Michl ein. Wer lang fragt, der geht lang irr, dachte er und drückte schnell sein heißes, bärtiges Gesicht auf ihre Backe. Sie wich zurück und spürte dabei seinen anderen Arm über ihrem Rücken.

»Geh jetz, Michi! Heunt a da Ho'zat?!« warf sie ihm vor: »Michi, Sakra – «

»Heunt is's koa Sünd nimma, Marie«, meinte der unerschrocken: »Du bist scho aa so wos G'schmochs aa! … Geh weita, Marie! … Ös woaß's und siehcht's ja koa Mensch it, und i bin ja stad – stad wia'r a Grob!«

Er lachte, sie kicherte und sträubte sich. Von drunten herauf schmetterte aus der offenen Saaltür die Trompetenmusik. Lärmen und Juchzer steigen auf. – »Aba Michi! Sakra –!«

»Dö kemma net, Marie! Geh weita, Marie!« setzte der Bursch ihr kecker zu. Nicht ließ er nach, feste Griffe hatte er.

Zuletzt sagte er fast sachlich: »Tua dein Jungfernkranz oba, Marie – net daß ma'n dadrucka.« Und sie legte ihn auf den Tisch.

Der Diwan vom Lechner quietschte stillvergnügt …

»Herrgottsakra! Herrschaftsseitn!« knurrte der Michl ein paarmal, denn hinter ihm, an der Wand, krachte es hie und da.

Dunkel war's. Die Saaltür mußte wieder zu sein. Lärm und Musik klangen gedämpfter. Jetzt kamen die Suchenden aus dem Stall drüben.

»Geh weita! Schnell! Setz dein'n Kranz auf … Net daß d'Leit moana, du host'n net verdiant«, sagte der Michl aufstehend. Die Marie schwang sich hastig in die Höhe und tat es.

»Jetz gehng ma schnell an Gang aussi! … Geh!« rief der Michl: »Jetz werd'ns glei daherrumpeln.« Eilsam zog er die Hochzeiterin hinaus.

»Härst ös! … Schnell!« wisperte er und rannte mit ihr in die nächstbeste Türnische. » – dsakra!« knurrte er in sich hinein, weil die Lechnerkammertür ein wenig laut zuflog. Schon rannten Hochzeiter und Schwager über die knarrende Stiege herauf und tappten auf dem Gang dahin.

»Do sans g'wiß!« sagte der Hans, und der Michl machte ihnen das Finden leicht. Er hustete ein wenig.

»He! … Do sans! Do!« schrie der Schwager und schoß auf die zwei Versteckten zu. Schon hatte er sie. Dem Hans löschte das Zündhölzl aus.

»Enk zwoa kunnt ma um an Tod schicka – ös bleiberts wenigstens lang gnua aus!« spöttelte die Marie lachend ins Dunkel hinein und ließ sich vom Hans arglos am Arm nehmen.

Lachend und lustig-polternd ging's in den wirbelnden Saal hinunter. –

Der Postbote Lechner hatte in derselbigen Nacht einen Brandrausch und wachte in der anderen Frühe auf, gestreckterlängs auf dem Kammerboden liegend. Zuerst glotzte er, rieb sich ein ums andere Mal die Augen, glotzte wiederum und sah auf einmal, daß herunten, an der Wand am Diwan, fast alle Pfeifen kaputt waren. »Himmi-himmiherrgottsakrament-sakrament!« fing er das Fluchen an und konnte sich dieses windige Unglück absolut nicht erklären. Auf dem Tisch sah er etliche Myrthenspuren und wischte sie ärgerlich weg.

»Himmikruzifix-kruzifix! Herrgottsakrament-sakrament!« fluchte er kurz darauf auch beim Wirt drunten: »I woaß's net! ... I bin doch gar it a d'Wand hinkemma! ... Grod is's, wia wenn's umgeht bei mir drob'n! ... Kruzifix-kruzifix!«

Der Seewirt ist einer, dem schnell was aufgeht, der aber sein Maul halten kann, wenn's sein muß. Er lachte bloß. Etliche Tage darauf aber hockte der Finschl-Michl zur Brotzeit am Ofentisch beim Seewirt. Und wie es so oft geht, da kam man auf das Brautverstecken zu reden. Der Seewirt, der Lechner und der Michl waren da, sonst keiner.

»Schö host ös g'macht, Michi ... Fast dreiviertel Stund' hob'n s' di g'suacht!« sagte der Seewirt verkniffen: »Auf dös is ja aa koana kemma, daß d's ös bis an obern Gang auffikemmts ...«

Und da auf einmal gab es dem Lechner einen Ruck. Er drehte sich hastig auf den Michl zu.

»H – ßt!« pfiff er leicht durch seine Zähne und zog die Stirn zusammen: »Holla, Bazi! Jetzt geht mir a Liacht auf!«

»Wos denn?« fragte der Michl, aber so verstellen konnte er sich doch nicht.

»I wui ja 's Mai hoitn, aba meine Pfeifan werst ma guat macha, Hundling, ganz schlechta!« sagte der Lechner bloß noch, und »Ja, in Gottsnam! Aba gwiß muaß's sei!« ergab sich der Michl lachend und machte ihm den Schaden gut. Freilich erst am anderen Tag, aber immerhin.

»Herrgott, teir konn a so a Brautverstecka komma, Sakramentsakrament!« kratzte er sich dabei, denn bare fünfundvierzig Mark verlangte der Lechner. Nicht ließ er handeln mit sich.

So eine Hochzeit auf dem Lande – in diesem Fall in Oberbayern – war und ist eine Herausforderung an Leib und Seele. Doch ehe die Seele – oder besser das Gefühl – zum Zuge kommt, muß der Leib einiges ertragen. Der Hochzeitslader führt mit strengem Regiment die Brautleute und ihre Gäste vom frühen Morgen bis zum späten Abend durch alle Fährnisse dieses wichtigen Tages. Schon vor dem festlichen, von Blasmusik angeführten Marsch zur Kirche werden aus großen Kesseln dampfende Würste verteilt. Daß dazu Bier getrunken wird, ist selbstverständlich; auch Schnaps findet schon Abnehmer. Nach der Kirche zieht die Festgemeinde zum Wirtshaus. Die Anstrengung des feierlichen Aktes, vielleicht auch die Rührung, wird während des »Hungertanzes« mit dem einen oder anderen Schnaps hinuntergespült. Die steife Würde läßt langsam nach. Beim Festmahl langt man dann ordentlich zu. Die Hochzeitssuppe, eine kräftige Fleischbrühe, muß mindestens drei verschiedene Einlagen haben, meist ein Grießnockerl, Pfannkuchenstreifen und Leberspätzle. Dann kommen verschiedene Braten mit üppigen Soßen, Knödeln, Salaten und Gemüse. Schon bald nach dem Mittagsmahl beginnt das große Tortenessen. Es ist üblich, daß die Frauen Kuchen und Torten backen und ins Wirtshaus mitbringen. Jede Bäckerin ist ernsthaft beleidigt, wenn ihr Werk verschmäht wird; also muß jeder sehr viel Gebäck in sich hineinschichten.

Nach diesen kulinarischen Exzessen ist für feinsinniges Geplänkel und charmantes Turteln kein Platz. Die ersten G'stanzln werden vom Hochzeitslader gesungen, die »Angesungenen« müssen antworten. Anfangs bleiben die Erwiderungen auf dem Boden der Wohlanständigkeit, aber bald wird der Ton ausgelassener, und die Reime werden frecher. Die Anspielungen auf die bevorstehende Hochzeitsnacht werden immer handfester, die Jungfernschaft der Braut, die bei einer »weißen Hochzeit« zumindest offiziell noch zu bestehen hat, ist ebenso Thema der Verse wie der voreheliche liederliche Lebenswandel des Bräutigams. Auch die Brautjungfern, bei denen die Jungfernschaft erst wieder bei ihrer eigenen Hochzeit relevant wird, müssen ihre errötenden Köpfe für manchen derben Scherz hinhalten; heutzutage schlagen sie – Emanzipation gibt es nicht nur in der Stadt – manchmal erbarmungslos zurück.

Am Abend, nach einer weiteren kräftigen, meist kalten Mahlzeit, wird die Stimmung vom Hochzeitslader mit weiteren Sprüchen aufgeheizt. Kein Wunder, wenn dann beim Tanz und vor allen Dingen in den Tanzpausen das eine oder andere G'stanzl handgreiflich in die Tat umgesetzt wird. Es muß ja nicht immer bei der Braut sein. Und so zieht oft eine Hochzeit die andere nach sich, auch in unserer heutigen, aufgeklärten Zeit.

Bayerische Hochzeitssuppe

1 l Fleischbrühe
Schnittlauch

Pfannkuchen:
2 Eier
100 g Mehl
1 Prise Salz
Milch
Öl oder Butter zum Ausbacken

Leberknödel:
200 g geschabte Rindsleber
1 Ei
Salz, Pfeffer
etwas gehackte Petersilie
etwa 3 bis 4 EL Semmelbrösel

Grießnockerl:
1 Ei
Hartweizengrieß

In die Hochzeitssuppe gehören mindestens drei Einlagen. Unser Favorit: Pfannkuchen, dazu kleine Leberknödel und Grießnockerl. Sie können aber auch Leberspätzle, Mark- oder Butterklöße oder Brätnockerl zu den Pfannkuchenstreifen geben.

Pfannkuchen: Aus den Zutaten einen recht flüssigen Teig schlagen, etwas ruhen lassen. Möglichst dünne Pfannkuchen backen, in feine Streifen schneiden und beiseite stellen.

Leberknödel: Zutaten gut vermengen, bis man aus der Masse kleine, nicht zu feste Knödel formen kann. Beiseite stellen.

Grießnockerl: Ei mit einer Gabel in einer kleinen Schüssel aufklöpfeln, langsam Grieß dazulaufen lassen, bis ein dickflüssiger Brei entsteht. Mindestens 15 Minuten ziehen lassen; in dieser Zeit quillt der Grieß etwas auf. Mit einem Teelöffel ein Probenockerl abstechen und vorsichtig in die leise kochende Brühe gleiten lassen. Wenn es abkocht oder zerfällt, kann man noch etwas Grieß unter die Masse rühren und es von neuem versuchen. Die Nockerl müssen etwa eine halbe Stunde in der siedenden Fleischsuppe ziehen.

Die kleinen Leberknödel also erst 20 Minuten später in die Brühe einlegen und dann 10 Minuten ziehen lassen. Auch bei den Knödeln es erst mit einer Probe versuchen; wenn sie zerfallen, noch etwas Semmelbrösel an die Masse rühren.

Zum Servieren je eine kleine Handvoll Pfannkuchenstreifen, einen Leberknödel und ein Grießnockerl in den Teller geben und mit der kochenden Fleischbrühe übergießen. Mit Schnittlauch bestreuen und sofort auftragen.

Gesottenes Ochsenfilet mit Rohkostsalaten

2 Rinderfilets à ca. 200 g
Rinderkraftbrühe
grobes Salz
Pfeffer aus der Mühle

150 g feine Spinatblätter
2 Tomaten
2 Karotten
1 kleine Gartengurke
8 kleine Radieschen
6 Champignons

1 TL Kerbel
2 TL Petersilie
1 TL Estragon
4 Blätter Spinat
1 TL Schnittlauch
1 TL Basilikum
6 cl Olivenöl
Zitronensaft
1 EL Senf, scharf
Salz, Pfeffer aus der Mühle

Den feinen Blattspinat waschen. Die Tomaten überbrühen, abschrecken, häuten, entkernen und in Streifen schneiden. Die Karotten und die Gurke schälen, in feine Streifen schneiden oder raspeln. Radieschen und Champignons ebenfalls waschen und in feine Streifen schneiden.

Für die Sauce die Kräuter gründlich waschen und zwischen Küchenpapier abtrocknen, anschließend mit dem Olivenöl im Mixer pürieren. Die Masse mit Zitronensaft, Senf, Salz und Pfeffer verrühren.

Die würzige Rinderkraftbrühe zum Kochen bringen, die Rinderfiletstücke mit einem Bindfaden umwickeln und in die Flüssigkeit hineinhängen, so daß das Fleisch vollkommen bedeckt ist. Nun das Filet ca. 10–15 Minuten auf dem Siedepunkt ziehen lassen – es darf nicht kochen!

Das Rinderfilet mit den rohen Gemüsen portionsweise auf den Tellern anrichten. Auf das Filet grobes Salz und Pfeffer aus der Mühle geben.

Die Rohkostsalate mit der grünen Sauce überträufeln.

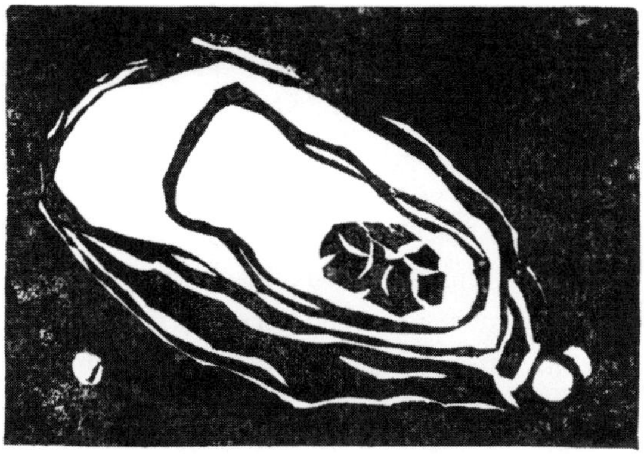

Warmumarmt

James Joyce
Ulysses

Mildes Weinfeuer entflammte seine Adern. Das brauchte ich wirklich dringend. Hab mich ja derart geschlaucht gefühlt. Seine Augen erblickten unhungrig Regale voller Konserven, Sardinen, grelle Hummerscheren. Komisches Zeug, was sie Leute sich so alles als Nahrung zusammenklauben. Aus Muscheln, Uferschnecken mit einer Nadel, von Bäumen runter, Schnecken aus der Erde, die Franzosen essen die, aus dem Meer mit einem Köder am Haken. Blöd, die Fische, lernen kein bißchen dazu in tausend Jahren. Wenn man sich nicht auskennte, wärs gefährlich, irgendwas in den Mund zu stecken. Giftige Beeren. Hundsrosenfrüchte. Was rund ist, denkt man, ist gut. Grelle Farbe warnt einen weg. Einer hats dann dem andern erzählt und so weiter. Erstmal beim Hund versuchen. Läßt sich vom Geruch leiten oder Aussehen. Verführerisches Obst. Eishütchen. Crème. Instinkt. Apfelsinenhaine zum Beispiel. Brauchen künstliche Bewässerung. Bleibtreustraße. Ja, aber was ist mit Austern? Unansehnlich wie ein Klumpen Schleim. Schmutzige Schalen. Verteufelt schwer aufzukriegen auch. Wer ist da wohl zuerst drauf gekommen? Müll, Kloakenjauche, futtern sie alles fröhlich rein. Champagner und Red-Bank-Austern. Wirkung auf die Geschlechts. Aphrodis. Er war in der Red Bank heute morgen. War er, die Auster, alter Fisch bei Tisch. Im Bett vielleicht junges Fleisch. Nein. Der Juni hat kein R, keine Austern. Aber es gibt Leute, die mögen verdorbenes Wild. Hasenpfeffer. Aber erstmal fangen, den Hasen, Pfeffer auf den Schwanz. Chinesen essen Eier, die fünfzig Jahre alt sind, blau und grün schon wieder. Diner mit dreißig Gängen. Jedes Gericht an sich harmlos, aber könnte sich innen mischen. Idee für eine geheimnisvolle Giftmordgeschichte. Das war doch dieser Erzherzog Leopold, nicht? Ja, oder war es Otto, einer von diesen Habsburgern? Oder wer war das, der immer den Grind von seinem eigenen Kopfe aß? Billigstes Lunch in der Stadt. Natürlich, Aristokraten. Die andern kopieren das dann, um bloß ja in der Mode zu sein. Milly auch, Erdöl und Kernmehl. Ungare Backsachen mag ich selber ganz gern. Den halben Austernfang schmeißen sie zurück ins Wasser, um den Preis hochzuhalten. Billig. Dann kaufte kein Mensch mehr. Kaviar. Auf große weite Welt machen. Hochheimer in grünen Gläsern. Freßgelage der Hautevolaute. Die gnä' Frau Sowieso. Gepuderter Busen, Perlen. Die *élite. Crème de la crème.* Brauchen Spezialgerichte, was ganz Besonderes, um zu zeigen, daß sies selber sind. Eremit mit einer Schüssel Hülsenfrüchte, die Anfechtungen des Fleisches zu dämpfen. Willst du mich kennenlernen, komm mit mir essen. Königlicher Stör, Obersheriff, Coffey, der Metzger, Recht auf das Wildbret der Wälder. Seiner Ex. Schickt ihm dafür die Hälfte einer Kuh. Hab mal ein Bankett zurichten sehn in der Küche beim Herrn Oberkanzleidirektor. Weißbemützter *chef*, wie ein Rabbi. Flambierte Ente. Kräuselkohl *à la duchesse de Parme.* Ist ja bloß gut, daß sies auch auf die Speisekarte schreiben, dann weiß man wenigstens, was man gegessen hat, zu viele Zutaten verderben den Brei. Weiß ich aus eigener Erfahrung. Verlängern Suppen mit Edwards Brühwürfeln. Gänse bis zum Irrsinn gestopft für sie. Hummer lebendig gekocht. Bitte schnehmen Sie noch etwas Schneehuhn. Hätte gar nichts dagegen, in so einem piekfeinen Hotel Kellner zu sein. Trinkgelder, Gesellschaftsanzug, halbnackte Frauen. Darf ich Sie vielleicht noch zu ein ganz klein wenig Seezungenfilet verlocken, Miss Dusedat? Ach ja, dun Se dat. Und dann dat se dat. Hugenottischer Name, nehm ich stark an. Eine Miss Dusedat hat in Killiney gelebt, entsinn ich mich.

Du, de la, französisch. Aber das ist vielleicht derselbe Fisch, dem der olle Micky Hanlon in der Moore Street die Innereien rausgerissen hat, damit verdient der sich ja sein Geld, Hand über Faust, die Finger in die Kiemen, dabei kann der kaum seinen Namen auf einen Scheck schreiben, man denkt fast, er will die Gegend abmalen, derart verzerrt ist sein Maul dabei. Muuuickickih Haha Henn. Doof wie drei Nächte zusammen, aber fünfzigtausend Pfund schwer.

Festklebend an der Scheibe summten zwei Fliegen, klebend.

Glühender Wein an seinem Gaumen, weilte dort, wurde geschluckt. Pressen in der Kelter, Trauben von Burgund. Die Sonnenhitze, die macht das. Scheint auf geheime Berührung hin zu, mir mitzuteilen, Erinnerung zu. Berührt entsannen sich feucht benetzt seine Sinne. Versteckt unter wilden Farnen auf dem Howth. Unter uns die Bucht, schlafend, der Himmel. Kein Laut. Der Himmel. Die Bucht wie aus Purpur am Lion's Head. Grün bei Drumleck. Gelbgrün gegen Sutton. Unterseeische Gründe, die Umrisse schwachbraun in Gras, versunkene Städte. Auf meinen Rock gebettet hatte sie ihr Haar, Ohrwürmer im Heidekraut, meine Hand unter ihrem Nacken, du bringst mich noch ganz durcheinander. O Wunder! Kühlweich von Salben berührte mich ihre Hand, liebkoste: ihr Blick war auf mir, wandte sich nicht ab. Entzückt lag ich über ihr, volle Lippen voll offen, küßte ihren Mund. Njmm. Sanft gab sie mir in den Mund den Mohnkuchen, warm und gekaut. Widerlichen Brei, gemummelt von ihr, süß und sauer von Speichel. Freude: ich aß ihn: Freude. Junges Leben, ihre Lippen, die es mir gaben, spitzten sich schwellend. Weich, warm, klebrige gummigallertige Lippen. Blumen warn ihre Augen, nimm mich, willige Augen. Kiesel fielen. Sie lag ganz still. Eine Ziege. Niemand. Hoch auf dem Ben Howth Rhododendren, ein Zicklein, lief sicherfüßig dahin, ließ Köttelchen fallen. Beschirmt unter Farnen lachte sie, warmumarmt. Wild lag ich auf ihr, küßte sie: Augen, ihre Lippen, ihren gestreckten Nacken, das Pulsen, Frauenbrüste voll in ihrer Bluse aus Nonnenschleier, pralle hartaufgerichtete Nippel. Heiß zungte ich sie. Sie küßte mich wieder. Ich wurde geküßt. Ganz hingegeben wuschelte sie mein Haar. Geküßt, küßte sie mich.

Nun könnte doch glatt einer kommen und sagen, der Text aus Ulysses sei unappetitlich. Für den einen ist er das vielleicht wirklich, für den anderen spiegelt er das Leben in seiner sinnlichsten Form wider, Anreiz wie Abscheu, Ekel wie Gier. Schrecklich wäre es, wenn alle das gleiche bevorzugten. Vive la différence! Gerade bei Austern beispielsweise scheiden sich die Geister. Schleimklumpen, lebendige Tiere, umweltverseuchte Dreckfilter: Esse ich nicht. Wunderbarer Saft, unnachahmlicher Geschmack, sinnliches Gefühl beim Schlürfen – und dann noch die betörenden Begleitwirkungen: Was schert mich da das bißchen Quecksilber. Nun kann derjenige, der sich ekelgeschüttelt von den Schalentieren abwendet, nicht beurteilen, ob die Liebeskraft ihrer Genießer tatsächlich gestärkt wird oder ob das alles nur Gerede ist. Fest steht, daß eigentlich alle Meerestiere und -früchte als sexuell anregend gelten. Hummer, alle Arten von Krabben oder Krebsen, Muscheln und Fische in jeder Form sollen ja – durch ihren hohen Eiweiß- und Jodgehalt? – den Hormonhaushalt von Männern und Frauen kräftig in Wallung bringen. Was kümmert es ein glücklich liebend Paar, ob die inspirierende Wirkung von Austern in Laborversuchen wissenschaftlich nachzuweisen ist?

In Joyces Text geht es nicht nur um das Schlürfen von Austern, es geht um das Schlürfen sinnlicher Eindrücke, das Assoziieren von Gerüchen und Bildern mit Geschmack und Erlebnissen. Märkte und Kramerläden müssen nicht überall so geschleckt sauber sein, wie es hierzulande die Kontrollbehörden fordern. Chaotische Stände mit ihrem mannigfaltigen Angebot, mit Duft und Gestank, Fliegen, Katzen und Hunden, mit Marktschreiern, Abfallhaufen zwischen den kunterbunten Buden, mit Fisch und Fleisch und Früchten und Gewürzen aller Art: Das ist das pralle Leben, sauber und schmutzig, verlockend und abstoßend zugleich, eine Berg-und-Tal-Fahrt für die Sinne.

Überbackene Muscheln

Fein geschnittene Schalotten mit Olivenöl andünsten. Die sorgfältig gesäuberten Muscheln dazugeben, mit Weißwein angießen und kräftig aus der Mühle pfeffern. Im zugedeckten Topf vier bis fünf Minuten leicht kochen lassen. Nicht umrühren; die Muscheln garen im Dampf.

1 kg Miesmuscheln
1 EL Olivenöl
2 Schalotten
⅛ l trockener Weißwein
Pfeffer

20 g Butter
⅛ l Crème fraîche
1 Messerspitze Safran
1 Eigelb
Salz
Zitronensaft
gehackte Petersilie

Muscheln herausnehmen, etwas abkühlen lassen und dann aus der Schale lösen. Mit einem Löffelvoll Sud befeuchten und zugedeckt warmstellen.

Die restliche Brühe ruhen lassen, damit sich eventuell vorhandener Sand absetzen kann.

Vorsichtig durch ein feines Tuch seihen; es darf nichts vom Bodensatz im Sud bleiben.

Die Flüssigkeit mit der Crème fraîche und dem Safran bei mittlerer Hitze auf etwa die halbe Menge einkochen.

Eigelb mit etwas Muschelsud zu Schaum schlagen. Im reduzierten Sud die Butter schmelzen und den Eischaum mit dem Schneebesen unterschlagen. Die Sauce darf auf keinen Fall mehr kochen. Mit Pfeffer, Salz und Zitrone abschmecken.

Die ausgelösten Muscheln und die gehackte Petersilie dazugeben und alles unter Rütteln erwärmen. In eine feuerfeste Form füllen und rasch unter einem glühenden Grill bräunen.

Schnecken in Blätterteig

24 Weinbergschnecken
250 g Blätterteig
250 g Butter
2 Knoblauchzehen, gehackt
100 g Blattpetersilie
50 g Räucherspeck
2 Schalotten, gehackt
2 dl Weißwein
2 cl Cognac
2 cl Noilly Prat
1 Eigelb
Saft einer Zitrone
Salz, Pfeffer aus der Mühle

Die ganzen Weinbergschnecken in dem in Würfel geschnittenen Speck heiß anbraten und mit Schalotten und Knoblauch dünsten.

Mit 1 dl Weißwein, Cognac und Noilly Prat ablöschen und den Fond reduzieren.

Das Ragout mit gehackter Petersilie verfeinern und in den ausgerollten Blätterteig portionsweise einpacken. Die Ränder sorgfältig andrücken, die Oberfläche mit Eigelb bestreichen und bei 220 Grad ca. 20 Minuten mit Ober- und Unterhitze goldgelb backen.

Für die Beurre Blanc 1 dl Weißwein reduzieren und die Butterflocken nach und nach mit dem Schneebesen einschlagen. Mit Petersilie verfeinern und mit Zitronensaft, Salz und Pfeffer abschmecken.

Die Sauce um das Ragout träufeln.

Die Replik an Franc Gontier

François Villon
Die Lebensbeichte
des François Villon

Dicht beim Kamin, auf seidnem, weichen Pfühle
Ein satter, fetter Pfaffe geil sich reckt.
An ihn geschmiegt in lustigem Liebesspiele,
Sidonies glatter weißer Leib sich streckt.
Durchs Schlüsselloch hab ich sie just entdeckt,
So Tag und Nacht, ganz nackt und weinberauscht,
Beim Kichern, Kosen, Küssen oft belauscht.
Da dacht ich mir: Was würd ich dafür geben,
Wenn Gott mein bittres Los mit jenem tauscht'!
Nur wer im Wohlstand lebt, hat was vom Leben!

Wenn Franc Gontier mit seinem Weib Helene
In ländlichem Idyll sein Herz erquickt,
An Roggenfladen, Quark nur wetzt die Zähne
Und Knoblauch, Zwiebelduft ihn schon beglückt,

Wovon der Atem stinkt, daß man erschrickt –
Ich bin auf solche Sachen nicht erpicht!
Auch Liebe unterm Dornstrauch reizt mich nicht!
Wollt Gott ein Daunenbett mir jemals geben,
Wär ich nicht dumm, wenn ich darauf verzicht'?
Nur wer im Wohlstand lebt, hat was vom Leben!

Soll Schrotbrot kauen, Gersten-, Hafergrütze
Und Wasser schlucken Jahr um Jahr, wer mag!
Von hier bis Babylon wär mir nichts nütze
Das schönste Lerchenlied, denn keinen Tag
Hielt Vogelkost ich für ein Festgelag.
Mag Franc Gontier mit seinem Weibe auch
Sich lagern unterm Heckenrosenstrauch,
Mich lockt es nicht, armselig, gottergeben
Zu fronen auf dem Land nach Väterbrauch.
Nur wer im Wohlstand lebt, hat was vom Leben!

Herr, urteilt selbst! Versteht mich nicht verkehrt!
Was mich betrifft, so müßt Ihr Recht mir geben.
Als kleines Kind hat man mich schon gelehrt:
Nur wer im Wohlstand lebt, hat was vom Leben!

Sieh einer an: Villon verspottet die Naturapostel und Körnerfresser. Gar nicht so abwegig, denkt man an den einen oder anderen Veganer, der schwer an der Last seiner Mission tragend sich auf Plastikschuhen durch die Fußgängerzonen schleppt, vorbei an Würstlbuden und Metzgerläden, ständig bewußt, von Mördern umgeben zu sein. Wie soll ihm das Leben auch Spaß machen, wenn allenthalben nur Mord und Totschlag herrschen? Wenn er jeden Tag beobachten muß, welche Opfer das ganz normale tägliche Massaker fordert, hier eine Mücke, dort ein Wurm, eine Blattlaus, eine Wespe: zertreten, erschlagen, verstümmelt, gar noch von einem Weibe im Pelz!

Laßt sie nur spotten, diese Tiermörder, laßt sie Witze reißen über die Lustfeindlichkeit der Gesundheitsapostel. Aber hat schon jemals einer von den aphrodisierenden Eigenschaften einer Schweinshaxe gehört? Geht es um die fleischliche Lust, greift auch der uneinsichtigste Fleischfresser zu Gemüse und Kräutern.

Am naheliegendsten ist es, daß Spargel, Meerrettich oder Morcheln als Aphrodisiakum galten und gelten. Wer beim traditionellen Verspeisen von Spargel, nämlich mit den Fingern zum Mund, nicht an »das Eine« denkt, ist nicht von dieser Welt. Wer viel Spargel ißt, hat auch viele Liebhaber, sagt der Volksmund; er sagt aber auch: Einbildung macht die Leut' krank – oder gesund. Sicher ist, daß Spargel gesund ist für Nieren und Blase, alles andere bleibt dem persönlichen Empfinden überlassen. Beim Meerrettich ist es, neben der Ähnlichkeit dieser Wurzel mit einem erigierten Penis, auch die erhitzende Schärfe, wegen der ihm sexuell anregende Eigenschaften nachgesagt werden. Ausschließlich die phallische Form der Morchel dürfte dazu geführt haben, daß ihr aphrodisierende Wirkung zugeschrieben wurde; wissenschaftlich nachgewiesen ist sie nicht. Andere Pilze, wenn auch in Form und Farbe nicht so eindeutig phallisch, sind teilweise von ganz anderem Kaliber. Glaubt man den Überlieferungen pflanzenkundiger Völker, wurde so mancher Liebestrank – erfolgreich – mit Pilzen angereichert, mit Fliegenpilz oder fu-ling-Pilzen aus Nordchina beispielsweise. Aber das ist ein anderes, etwas gefährliches Kapitel.

In Mitteleuropa gelten außerdem Sellerie, Tomaten (Liebesäpfel) und auch – wie könnte es anders sein – Gurken als potenzfördernde Gemüse. Gemeinsam ist all diesem Grünzeug, daß es entwässert und wenig Nährwert hat. Den ideellen Wert kann nur der ermessen, der daran glaubt.

Grüner Spargel

1 kg grüner Spargel
100 g Butter
100 g Parmesan
Salz
Pfeffer

Grüner Spargel hat den Vorteil, daß er nicht geschält werden muß. Die Enden werden einfach abgebrochen. Jede Spargelstange hat eine Art Soll-Bruchstelle, die auch der Neuling rasch findet.

Spargel je nach Dicke der Stangen etwa 10 bis 15 Minuten in Salzwasser kochen. Butter in einem Pfännchen erhitzen und salzen.

Abgetropften Spargel auf einer gut angewärmten Platte anrichten, mit heißer Butter übergießen und mit einem Küchenhobel hauchdünne Parmesanscheiben darüberhobeln und pfeffern.

Spargel- und Morchelragout

500 g grüner Spargel
200 g frische Morcheln oder
50 g getrocknete Morcheln
2 cl Sherry
50 g Butter
1 EL Walnußöl
1 EL geschnittener Schnittlauch
1 dl Kalbsjus
1 EL Crème Fraîche
Salz, Pfeffer aus der Mühle
1 Tomate
Kerbel

Den Spargel großzügig am Ende abschneiden. In Salzwasser knackig kochen und in einem heißen, angefeuchteten Leinentuch im Ofen bei 80 Grad warm halten.

Die gesäuberten und gut geputzten Morcheln in Butter und Walnußöl anschwitzen, mit Sherry ablöschen und mit Kalbsjus und Crème Fraîche in 10 Minuten gar köcheln. (Getrocknete Morcheln über Nacht einweichen.)

Mit Schnittlauch, Salz und Pfeffer abschmecken.

Das Morchelragout über die auf dem Teller angerichteten Spargelstangen geben.

Mit Streifen von abgezogener und entkernter Tomate und Kerbel dekorieren.

Forelle mit Nachspiel

George Baxt
Ein Mordfall für
Dorothy Parker

»Die Forelle ist ein Gedicht.« Mrs. Parker meinte es ehrlich, und die Aufrichtigkeit in ihrer Stimme reichte über den Tisch hinweg und knabberte zart an Van Webers Ohr.

»Noch etwas Wein?«

»Nur eine Idee.«

Der Lakai hinter Mrs. Parker schenkte Wein nach. Der Lakai hinter Van Weber wunderte sich, wie die Dame die Gräten aus ihrem Fisch bekam, ohne ihre Handschuhe auszuziehen. In der Küche stand der Chefkoch mit verschränkten Armen und zitternder weißer Mütze und wartete bange, daß der Herr des Hauses ihm zu seiner Kunst gratulieren möge.

»Oje, ich fürchte, daß ich einfach nichts mehr essen kann. Es war alles zu fantastisch.«

Van Weber wandte sich einem Lakaien zu: »Meine Komplimente an den Chef. Sagen Sie ihm, daß er sich selbst übertroffen hat.«

Die Botschaft wurde dem Chefkoch überbracht, der sie an seinen Mitarbeiterstab weiterleitete und das Zeichen gab, ihr eigenes Mittagessen zu servieren, ein teures Filet Wellington, das mit importierten Artischockenherzen und Trüffeln abgerundet wurde. Für Van Weber bestand ein Festessen aus Fisch, Erbsen, Kartoffelbrei und Salat.

»Wir nehmen den Kaffee im Wintergarten«, sagte Van Weber über seine Schulter, während er Mrs. Parker aus dem Speisezimmer hinausgeleitete. Die Wände der Halle, die zum Wintergarten führten, schmückten Gemälde der Modernisten. Mrs. Parker erkannte Picasso, Utrillo, Modigliani und Sargent.

»Die Bilder sind bestimmt ziemlich hoch versichert.«

Van Weber zuckte die Achseln. »Kein Dieb könnte in das Anwesen eindringen.« Mrs. Parker fragte sich in aller Unschuld, warum eigentlich nicht, da ihr weder Zugbrücke noch Wassergraben aufgefallen waren. Dann wurde ihr bewußt, was die ganze Zeit in ihrem Hinterkopf geschlummert hatte. Die Dutzende von Angestellten waren alle Männer. Es gab keine Dienstmädchen, nicht die Spur einer Haushälterin. Das ist kein Anwesen, das ist eine Festung. »Was denken Sie gerade?« fragte er sie, während sie es sich im Wintergarten bequem machten, wo es eine Bar und einen überwältigenden Blick über die Meerenge von Long Island gab.

»Ich denke gerade, daß Sie ein Multimillionär sein müssen, um ein solches Riesengrundstück Ihr eigen zu nennen.«

»Möchten Sie einen Brandy?«

»Nein, danke. Ich glaube, im Moment könnte ich keinen vertragen.«

»Haben Sie etwas dagegen, wenn ich einen nehme?«

»Bitte, tun Sie sich keinen Zwang an.«

Sie beobachtete, wie er sich katzenhaft zur Bar bewegte und kurz darauf auf den Platz neben ihr zurückkehrte.

»Sie sind sehr schön, Mrs. Parker.«

»Trinken Sie noch einen Brandy.«

Er lächelte. »Ich hätte gerne gestern die Nacht mit Ihnen verbracht.«

»Aber Sie haben es nicht getan, nicht wahr?« Sie war nervös, sie fühlte sich wie ein Teenager, und sie bebte vor Aufregung. Er hatte sie überrumpelt und legte für ihre Begriffe ein zu schnelles Tempo vor. Für romantische Gefühle war es noch zu früh nach dem Essen. Gib dem Magen eines Mädchens etwas Zeit, sich zu beruhigen; wühl ihn nicht gleich wieder mit unerwarteten Emotionen auf.

»Ich will Sie, Mrs. Parker.«

»Oh.«

Sie lagen sich in den Armen, und er küßte sie leidenschaftlich. Fort war der Kolibri; herein schwebte ein Paradiesvogel.

»Du hast noch nicht die Schlafzimmer gesehen«, flüsterte er. »Ich möchte dir die Schlafzimmer zeigen.«

»Ich bete Schlafzimmer an.« Sie klang heiser, und ihre Knie wurden weich. Das ist es also, dachte sie, so fühlt es sich also an, wenn einem der Boden unter den Füßen weggerissen wird. Es ist mir noch nie passiert, und es ist wunderbar. Sie wußte nicht, wie sie über Plüschteppiche, vorbei an weiteren Gemälden und teuren Portieren und einem Gobelin, von dem er erzählte, daß er einst im Trianon-Palais gehangen hatte, nach oben geführt wurde. Jetzt waren sie im großen Schlafzimmer, und er war dabei, sie auszuziehen, wobei er sie mit exquisiten kleinen Küssen bedeckte. Danach zog er sich selbst aus, und als entblößter Apollo gesellte er sich zu ihr auf das Bett. Mein Gott, ist das nicht viel besser als jedes Dessert? dachte Mrs. Parker.

In den zwanziger Jahren traf sich im Rose Room des Algonquin-Hotels auf der 44. Straße in New York regelmäßig eine legendäre Tafelrunde von Schriftstellern, Journalisten und Theaterkritikern. Die spottlustige Bande wird als scharfzüngig, wortgewaltig, witzig und ungeheuer trinkfest beschrieben. Dorothy Parker war 1919, als sie zu der Bande stieß, Redakteurin bei »Vanity Fair« und schrieb Gedichte und Kurzgeschichten. Im Alter von 27 Jahren bereits galt sie wegen ihrer Bonmots bei der Stammtischrunde als witzigste Frau New Yorks, aber auch als launisch, labil und männermordend. George Baxt hat diese Eigenschaften in seinem Prominenten-Krimi »The Dorothy Parker Murder Case« benutzt, um seine Mafia-Geschichte spritzig drumherum aufzubauen.

Daß »Dottie« dem Charme des ebenso gutaussehenden wie offensichtlich steinreichen Gauners Van Weber bei ihrem ersten gemeinsamen Ausflug zu seinem Landsitz umgehend erliegt, ist bei ihrem Temperament kein Wunder. »Ich will Sie, Mrs. Parker.« Und – nach einem leidenschaftlichen Kuß: »Ich möchte dir die Schlafzimmer zeigen.« Das genügt. Wunsch und Ort der Ausführung sind damit ohne große Worte geklärt – und das in den zwanziger Jahren!

Erst in den siebziger Jahren waren wir in Old Europe soweit. »Gehen wir zu dir oder zu mir«, hieß die geflügelte Formel für einen One-night-stand. Aids hat auch dieser kurzen Zeit der Promiskuität ein baldiges Ende bereitet. Ob das schade ist, muß jeder für sich entscheiden. In den zwanziger Jahren jedenfalls nahmen sich nur einige wenige soviel sexuelle Freizügigkeit heraus. Das Bürger- und Spießertum nahm einen derartigen Lebenswandel, ja schon den leisesten Verdacht, einen solchen zu haben, gewaltig übel. In Leipzig im Jahre 1930 erhielt eine junge Sängerin, die ein Zimmer suchte, auf ihre Frage, ob sie denn auch jederzeit das Bad benützen könne, die Antwort (in breitestem Sächs'sch, versteht sich): »An Nutten vermieten wir nicht!«

Forellen in Folie

2 Forellen
2 kleine, frische Lorbeerblätter
1 gehackte Schalotte
2 EL Fischfond aus dem Glas
1 EL Olivenöl
2 Zitronenscheiben ohne Schale
2 EL kräftiger, trockener Weißwein
Salz

Die ausgenommenen Forellen innen und außen salzen, je ein Lorbeerblatt in den Bauch legen.

Aus Alufolie längliche Schalen formen, Fische hineinlegen, mit Schalotten bestreuen, mit Öl, Wein und Fischfond beträufeln und je eine Zitronenscheibe drauflegen.

Die Folientaschen sorgfältig verschließen und auf einem Blech im vorgeheizten Backofen bei ca. 180 Grad 20 bis 25 Minuten garen.

In der Folie servieren.

Das Küchenkind

Angela Carter
Die schwarze Venus

»Im Schrankkoffer geboren«, sagt man, wenn einer beim Theater die Schminke schon mit der Muttermilch mitkriegt, und wenn es zu dem Ausdruck ein kulinarisches Äquivalent gäbe, dann müßte man's auf mich beziehen, denn bin ich nicht gezeugt worden, während ein Soufflé aufging? Ein Hummersoufflé, höchst erlesen, fünfundzwanzig Minuten bei mittlerer Hitze im Ofen.

Und das allererste Soufflé, das meine Mutti in ihrer Laufbahn als Köchin zu produzieren angewiesen wurde, von irgend 'nem französischen *duc* bestellt, Gast bei Sir und Madam N--, und meine Mutti überglücklich, es ihm zu machen, weil nur wenige oder eigentlich so gut wie gar keine *fin becs* mal bei uns auftauchten, nicht mal während der vierzehn Tage, wo die Birkhuhnjagd aufging, da rollten zwar die feinen Pinkel in Wagenladungen an, um das Jagdrevier der Lüfte unsicher zu machen, aber nichts als Gaumen wie Schuhsohlen. »Perlen vor die Säue«, sagte meine

Mutter immer, wenn sie widerwillig die vierundzwanzig Gänge ihrer Kunst ins Speisezimmer hinaufschickte, nur daß Säue mehr Kennerschaft bewiesen hätten. Ich sag' Ihnen, das englische Herrenhaus, ja! das ist der Ort, wo gut gegessen wird, aber bloß, wenn Sir und Madam *pas chez lui* sind. Das Personal, das hält den Standard.

Madam rührte nämlich nichts außer Austern und eisgekühlten Trauben an, dreimal täglich, so sensibel war sie, und der Sir fastete bis Sonnenuntergang, um dann einen Markknochen mit scharfer Soße zu sich zu nehmen, dem war die Zunge mit Curry weggeglüht worden, als er so um Poona rum ein Stückchen Indien regiert hatte. (Ich nehme an, diese Inder haben ihm aus Bosheit das Essen geschärft. O die Rache des Kochs – sie schlägt entsetzlich zu!) Und die Birkhuhnjäger wollten nichts außer Sandwiches. Sandwiches als *hors d'œuvres*, als *entrées*, gefolgt von Sandwiches, Sandwiches und noch mal Sandwiches, und den Flachmann immer wieder hübsch aufgefüllt, aber ja, spült alles mit einem Schluck Whisky runter, und wer kann noch sagen, wie es geschmeckt hat?

So gab sich Mutti große Mühe mit diesem ihrem ersten Hummersoufflé, sie schickte den Küchenburschen vom Messerschleifen weg aus seinem Fahrrad zum Meer, meilenweit, um das Tier zu besorgen, und dann das Lebendigkochen, wie es mitleiderregend pfeift und aus dem Topf herauszappelt usw. usw., so daß Mutti schon ganz nervös ist, ehe sie auch nur die Eier getrennt hat.

Und dann, als sie sich gerade über den Herd beugte, um das Mehl in die Butter zu rühren, umfaßten sie zwei Arme fest um die Hüften. Da sie zunächst glaubte, dies sei nur küchenübliche Alberei, ruckte sie nur mit ihren breiten Hüften, ihn zu vertreiben, während sie das Eigelb mit dem Rogen vermengte. Doch wie sie das Hummerfleisch hineinmengte, schön säuberlich gewürfelt, fühlte sie die Hände höher wandern.

Das war der Moment, als zuviel Cayennepfeffer in das Gericht geriet. Das hat ihr immer leid getan.

Und als sie den überquellenden Inhalt der Schüssel mit geschlagenem Eiweiß unterzog – weiß Gott, was er dann gemacht hat, aber sie warf deswegen alles hemmungslos in die Form und:

»Zum Teufel damit!«

In den Ofen mit dem Soufflé! Die Tür knallt zu.

Ich übergehe hier die nächsten Minuten.

»Aber Mutti!« bettelte ich später oft. »*Wer war denn der Mann?*«

»Ach, liebe Zeit, Kind!« sagte sie dann immer. »Ich hab' nie dran gedacht, ihn zu fragen. Ich war so in Sorge wegen der Tür, die ich zugeschlagen hab'; daß mir nur nicht das Soufflé zusammenfällt.«

Aber nein. Das Soufflé erhob sich wie ein Ballon, und sobald sein goldenes Haupt herrisch gegen die Ofentür stieß, kam sie abrupt hinter dem Vorhang hervor, den ich so diskret vor diese Szene der Leidenschaft gezogen habe, strich sich die Schürze glatt und zog das vorbildliche Gericht unter den Ohs und Ahs des versammelten Küchenpersonals (etwa fünfundvierzig Köpfe stark) hervor.

Nicht ganz so vorbildlich jedoch. Die Köchin fand ihren Meister im Gast. Die Haushälterin bringt den Teller persönlich zurück, knallt ihn hin. »Er hat gesagt ›*trop de cayenne*‹, und hat's von seinem Teller runter ins Feuer gekratzt«, verkündet sie mit zufriedenem Grinsen. Sie ist überaus vornehm und würde es sich nie einfallen lassen, vor einem Vokal das H zu vergessen, wie dies der ungebildeten Unterschicht so oft unterläuft. Sie hat den Schluckauf und spricht sogar das H in »hick!«.

Meine Mutter weint vor Beschämung.

»Was wir hier brauchen, ist ein Küchenchef vom Kohtinoh, um – hick – das Niveau zu heben«, droht die Haushälterin mit tötendem Blick im Vorbeisegeln, denn meine Mutti ist ein einfaches Mädel aus Yorkshire trotz ihrer Zauberhände, aber in einem Bienenkorb ist kein Platz für zwei Königinnen, die Haushälterin haßt sie. Und wird auch ständig von der anregenden Vorstellung heimgesucht, wie so ein importierter Carême oder Soyer mit einem Schnurrbart, breitausladend wie ein Hutständer, ihr einmal so richtig französisch kommen würde, wie's im Augenblick ohnehin Mode ist.

»Ist denn nicht Alberlin *chef* bei den guten Devonshires und Crépin bei der Herzogin von Sutherland? Und Labalme im Haushalt des Herzogs von Beaufort, wie man weiß, nicht wahr ... und die Königin, Gott segne sie, hat ihren Ménager ... und wir müssen uns plagen mit dieser dicken Kuh, spricht breitestes Yorkshire, immer mit ihren Pantoffeln ...«

Auf einem Küchentisch gezeugt, auf dem Küchentisch geboren – keine Glocken läuteten mir zum Willkommen, aber um so angemessener wurde meine Ankunft mit einem klingenden, scheppernden, paukenden Lärm begrüßt, als man auf jeden Topf im Raum schlug, eine Kanonade von Kupferkesseln, jede Pfanne ein Tympanum, und das fröhliche Klappern der Schöpflöffel gegen die

Topfdeckel, und selbst die Hunde, welche die Bratspieße drehten, bellten klirrend: Wau-wau!

Da es – wie sich der Leser selbst ausrechnen kann – schon gut drei Monate nach Oktober ist und Sir und Madam in London weilen, kultiviert die Haushälterin ganz allein einen hochherrschaftlichen Stil; sie sitzt in ihrem Wohnzimmer und trinkt den besten Tee aus Meißner Porzellan, wobei sie der Tasse ein wohlbemessenes Schüßchen Rum aus einer der verschlossenen Flaschen hinzufügt, zu denen sie sich in ihrer vielen freien Zeit einen Nachschlüssel gefertigt hat. Und während das kleine Dienstmädchen der Haushälterin, das dazu da ist, für sie zu rennen, zu schwitzen und ihr die Stiefeletten zu lecken, gerade die Tasse mit altem Jamaika auffüllt, bricht unten plötzlich die Hölle los, als beginne ein chinesisches Orchester mit allen Holzblöcken und Vibraphonen loszulegen, klirr! und wumm!

»Was, um alles in der Welt, treiben diese – hick – entsetzlichen Dienstboten denn nun?« spricht die Haushälterin in gewähltdamenhaftem Schalmeienton und zerrt rasch, aber hart am Ohr des Mädchens, um den Klatsch aus ihr herauszuziehen.

»O Madamissis!« fiebt das arme Mädchen. »Das ist doch das Baby von der Köchin!«

»Das Baby – der Köchin?!«

Wegen der Leibesfülle meiner Mutter, die ungeheuer ist, sie ist rund wie das »o« in »korpulent«, und wegen der großen Loyalität und Zuneigung des gesamten Küchenpersonals wußte die Haushälterin nichts von meinem Bevorstehen, war aber doch neben ihrem aufsteigenden Zorn auch wieder froh, davon zu hören, da sie hier einen Weg zu erkennen glaubte, meiner Mutter wegen dieses unerwarteten Ereignisses ihren Posten zu entziehen und dann so lange Sir und Madam zu nerven, bis ein pomadisierter Monsieur eintreffen würde, der ihr *gêlée* und Honig ums Maul schmieren könnte, damit's ihr ganz *chaudfroid* würde. So steigt sie sogleich hinunter, ein stattlicher wenn auch nicht ganz stabiler Auftritt (wegen des Rums mit einem Schüßchen Tee, den sie den ganzen Tag süffelt), und die arme Magd rennt voraus, die Tür weit aufzureißen.

Welch ein Anblick empfängt sie! Raffael hätte ihn malen mögen, hätte er sich zu diesem Zeitpunkt in Yorkshire befunden. Meine Mutter, strahlend vor Lächeln, thronend auf einem Sack Kartoffeln und an der Brust ihr Kind, sauber gewickelt in einem frischgekochten Puddingtuch, und ringsum die ganze Küchenbrigade in Haltungen der Anbetung, jeder mit einem Gefäß in der Hand, die Schöpflöffel klirren – mein erstes Wiegenlied.

Ach! dieses Lied verstummt rasch, letzte einzelne Geräusche des Klapperns und Klirrens, Stille, und die Haushälterin läßt ihren kältesten Blick umherschweifen.

»Was soll – hick – dieses bedeuten?«

»Dies ist ein hübscher Junge!« lacht meine Mutti glücklich und gibt mir einen knallenden Kuß auf die zarte Stirn, die gegen ihre weich sich wölbende Brust gepreßt liegt.

»Hinaus aus dem Haus dafür!« ruft die Haushälterin. »Hick«, fügt sie hinzu.

Doch was für einen Lärm, für einen Aufruhr entfacht sie mit diesem Befehl! Als hätte sie in einer Eisenwarenhandlung eine Bombe zur Explosion gebracht – denn alle Anwesenden (meine Mutter und mich ausgenommen) – greifen wieder zu ihren improvisierten Instrumenten, bearbeiten sie mit erneutem Furor und rufen im Chor:

»Das Küchenkind! Das Küchenkind! Ihr könnt das Küchenkind nicht vertreiben!«

Und das war es in Wahrheit: Wen sonst konnte ich als Erzeuger für mich in Anspruch nehmen, wenn nicht den Ort der Gier selbst, der mich, wenn er mich schon nicht machte, doch in sich entstehen ließ? Nicht ein Küchenmädchen, nicht der kleinste Küchenjunge konnte sich erinnern, wer oder was meine Mutter an jenem Morgen des Soufflés besuchte, alle waren aufgerufen gewesen, Sandwiches zu schneiden, doch irgendeine dicke Gestalt schien den Raum durchglitten zu haben, von der Küche angezogen wie ein Gespenst von der Dunkelheit – hatte nicht der herzogliche Gourmet einen Gourmet als Kammerdiener gehalten? Doch seine Umrisse schmelzen wie Aspik in der Hitze des Herdes.

»Das Küchenkind!«

Die Küchenbrigade schlug solchen Krach, daß die Haushälterin retirierte, um in ihrem Gemach eine weitere Dosis Rum zu sich zu nehmen; zwischen Töpfen und Pfannen plötzlich mit einer Meuterei konfrontiert, fand sie nur wenig Courage in sich und zog sich mürrisch in ihr Zelt zurück.

Mein erstes Spielzeug waren Passiersiebe, Schneebesen und Topfdeckel. Ich nahm mein Bad in der großen Terrine, in der die Schildkrötensuppe serviert wurde. Lachs gab es keinen, bis ich laufen lernte, denn was hatte ich anderes zur Wiege als den kupfernen Lachskessel? Und der stand hoch oben auf dem Sims, wo ich behaglich und warm dösen konnte, allen Gefahren entrückt und zur Ruhe gebettet unter den köstlichen Düften und reizvollen Geräuschen der Essenszubereitung; dort oben gurrte ich in meiner Säuglingszeit und wohnte oberhalb des Küchentreibens, als sei ich eine Haushaltsgottheit in meinem kleinen Schrein.

Und ist es nicht in der Tat etwas Heiliges um eine große Küche? Die Gewölbe rußgeschwärzten Mauerwerks über mir, wo die Schinken und Zwiebelzöpfe und die Büschel getrockneter Kräuter baumeln, die ein wenig aussehen wie die Regimentsfahnen, die über den Gängen alter Kirchen schwanken. Die kühlen, hallenden Steinplatten, die zweimal am Tage von diesem Dienst geweihten Personen auf den Knien fleckenlos rein geschrubbt werden. Der Scheuerglanz von Reihen über Reihen von Metallgefäßen, die an Haken hängen oder auf Borden ruhen und warten, bis sie gebraucht werden, mit dem Anschein von ebenso vielen Kelchen, die auf eine Feier des Nahrungssakramentes warten. Und der Herd wie ein Altar, ja, ein Altar, vor dem sich meine Mutter in ständiger Anbetung neigte, ein Saum von Schweißperlen auf ihrer Oberlippe und mit glühendem Feuer auf ihren Wangen.

Als ich drei war, gab sie mir Mehl und Schmalz, und gleich erfand ich mir die Krapfen. Da ich das Wellholz nicht handhaben konnte, setzte sie mich auf ihre Schultern, damit ich zusah, wie sie den Teig auf der Marmorplatte auswalzte, dann durfte ich die Formen selber ausstechen; Freudentränen über meine Frühreife liefen über ihr Gesicht, als sie mich die Pflaumenmarmelade in kleinen Portionen auf den Teig klatschen ließ und mir zur Belohnung den Löffel zum Ablecken gab. Mit dreieinhalb war ich bis zu den Windbeuteln vorgedrungen, und danach gab es für mich kein Halten mehr. Sie stellt mich auf einen hohen Schemel, daß ich auch hinaufreiche, die Soße zu rühren, wickelt mich in ihre eigene Schürze, die dreimal um mich herumgeht, und schlägt sie mir an den Hüften ein, damit ich nicht drüber stolpere und kopfüber in meine erste Hollandaise falle. So werde ich zu ihrem Adepten.

Lesen und Schreiben lerne ich leicht: A steht für Aalpastete und für *asperges au beurre fondue* (jedoch niemals, um meiner Mutter willen, mit einer *sauce bâtarde*), B steht für Bœuf Stroganoff, wobei eine Portion *boeuf* patriotischerweise stets für den *pouding Yorkshire* reserviert bleibt, C für *carottes, chouxfleurs, camembert* und so weiter, bis zu Zabaglione, wenn ich auf oft darüber nachdachte, wozu das X gut sein mochte, da es in keines Kochs Alphabet vorkommt.

Und ich halte mich so eng an diese Küche wie die *croûte* an einem *pâte* hängt, wie die *mayonnaise* an einem oeuf klebt. Zuerst stehe ich auf diesem Schemel vor meinen Töpfen, dann auf einem umgestülpten Eimer, dann auf meinen eigenen Füßen. Die Zeit vergeht.

Das Leben fließt in jenem entlegenen Herrenhaus als ruhiger Strom dahin, der nur einmal im Jahr zu einem Wirbel anschwillt und dann nur für zwei Wochen, doch da herrscht Umtrieb genug – die Birkhuhnjagd, wenn sie alle aus der Stadt kommen, uns herumzuhetzen.

Obwohl Sir und Madam der Ansicht sind, daß ihr Besuch der eine und einzige Grund für die Existenz von uns allen ist, die jährliche Klimax unseres Daseins, wenn ihr Hauspersonal – das, soweit es sie angeht, den Rest des Jahres quasi im Winterschlaf verbringt – nun wie Dornröschen bei der Ankunft ihres Prinzen emporspringt, kommen wir tatsächlich so gut ohne sie aus während der anderen elfeinhalb Monate, daß ihre Ankunft jedesmal eine mißliebige Unterbrechung unserer Routine ist. Wir schwitzen uns durch diese vierzehn Tage mit dem mürrischen Unmut verarmter Adliger, die sich umständehalber gezwungen sehen, Zimmer an zahlende Gäste zu vermieten, und was die *haute cuisine* betrifft – das kann man vergessen: Sandwiches, Sandwiches, sie wollen nichts als Sandwiches.

Und nie wieder, niemals, eine spezielle Anweisung, die ein Soufflé betrifft, Hummer- oder anderes. Meine Mutti, immer ein wenig nervös und versponnen, wenn die Jagdsaison kam –, immer in sich gekehrt, und wenn auch nie der Auftrag kam, so bereitete sie doch jedes Jahr ihr Hummersoufflé, schickte den Küchenjungen nach dem Hummer, sott ihn lebendig, schlug die Eier, machte die Panade usw., als sei dies ein magisches Ritual, das aus der Vergangenheit das große Fragezeichen emporrufen könnte, dessen Lenden ihr Sohn entsprungen war, damit sie sich diesmal sein Gesicht näher betrachten konnte. Oder vielleicht gab es einen anderen Grund – sie sprach, so oder so, nie darüber. Im Lauf der Jahre konnte sie schließlich das luftigste, würzigste Soufflé zubereiten, das je ein Hummer geschmückt hat, doch niemand kam, es zu verzehren, und in der Küche hatte keiner das Herz dazu. So bekamen insgesamt fünfzehnmal die Hühner das Soufflé.

Bis an einem schönen Oktobertag – der Nebel stieg von den Mooren auf wie Dampf von einer Bouillon, die Birkhühner nahmen wie zum Tode Verurteilte letzte üppige Mahlzeiten zu sich –

das Warten meiner Mutter seinen Lohn fand. Die Hausgäste kamen an, und wie die Wagen herbeirollen, hören wir das schwache, nostalgische Wimmern eines Akkordeons, als ein geschlossener Landauer hüpfend die Auffahrt heranholpert, über und über mit den französischen Lilien bemalt.

Meine Mutter erzittert, als sie die Nachricht hört, es wird ihr ganz schwach, sie muß sich auf den Marmorblock für das Gebäck setzen, und ich, o ich schicke mich an, meinem Erzeuger zu begegnen, bin ich doch gerade in ein Alter getreten, wo sich ein Knabe die meisten und dunkelsten Gedanken über seinen Vater macht.

Doch was ist das? Wer kommt in die Küche gelaufen, um die Kiste Eis abzuholen, die der *duc* für die von ihm mitgebrachten Weinflaschen bestellt hat? Ein bartloser Junge, so alt wie ich oder noch jünger! Und wenn auch meine Mutter ihn zu befragen sucht, wo denn wohl ein anderer Bediensteter sein mochte, der einst vor langer Zeit möglicherweise ihre Hand so sehr zum Zittern brachte, daß sie die Kontrolle über den Cayennepfeffer verlor, so versteift er sich doch darauf, ihren Yorkshire-Dialekt nicht zu verstehen, schüttelt den Kopf, stellt mimisch Unverständnis dar. Da weint meine Mutter zum drittenmal in ihrem Leben.

Zum erstenmal geschah es aus Scham, daß sie ein Gericht verdorben hatte. Dann vor Freude, als sie ihren Sohn den Teig formen sah. Und nun um die Abwesenheit.

Doch trotzdem schickt sie den Küchenjungen nach einem Hummer aus, denn sie muß und will ihr Herbstritual durchführen, wenn auch nur als Leichenschmaus ihrer Hoffnung. Und ich nehme die Sache selbst in die Hand und begebe mich auf dem schnellsten Wege, nämlich mit dem Speiseaufzug, in die oberen Gemächer, um mich persönlich bei dem Herzog zu erkundigen, wo denn seine Dienerschaft stecken mag.

Der *duc*, der sich vor dem Diner ausruht und ein, zwei Korken knallen läßt, ist in ein samtenes, gesteppt-wattiertes Wams gehüllt, das stark den Deckchen überzüchteter Rassehunde ähnelt, und er wärmt seine in Pantoffeln (Saffian) steckenden Füße vor einem lodernden Feuer und singt in seiner Muttersprache vor sich hin. Und nie habe ich einen dickeren Mann gesehen – er hätte meiner Mutter noch dreißig, vierzig Pfund abgeben können und hätte keinen Unterschied gemerkt. Rund wie das »o« in »kolossal«. Wenn ihn das plötzliche Erscheinen des jungen Kochs aus der Holztäfelung der Wand hervor überrascht, so ist er doch zu sehr Mann von Welt, sich etwas anmerken zu lassen; er fragt, was er für mich tun kann, äußerst höflich, und ich stammle in meinem besten Küchenfranzösisch:

»Der *valet de chambre*, der Sie begleitet hat (=*garni de*) vor so vielen Jahren Ihres letzten Besuchs – «

»Ah! Jean-Jacques!« pflichtet er mir bereitwillig bei. »*Le pauvre*«, fügt er hinzu.

Melancholisch äugt er in sein Kelchglas.

»Une crise de foie. Hélas, il est mort.«

Ich werde bleich wie ein Chicorée. Er – vollendeter Gentleman – bietet mir ein Glas Champagner an, das mich beleben soll, den ganzen Weg aus seinem eigenen Keller hierhergebracht, traut den Heizungsgebräuchen des Sir nicht, und ich spüre, wie die Haare auf meiner Brust wachsen, als ich den Trunk hinuntergieße. Von einer weiteren Flasche inspiriert, bei der mir der *duc* mit der mühelosen demokratischen Freundlichkeit Gesellschaft leistet, die das Abzeichen aller wahren Aristokraten ist, schildere ich ihm, soweit ich es vermag, die Umstände meiner Zeugung: Wie sein Diener meine Mutter umwarb und gewann, alles in der Zeit, welche die Zubereitung eines Hummersoufflés erfordert.

»Ich kann mich gut an das Soufflé erinnern«, sagt der *duc*. »Hab' nie ein besseres gegessen. Ließ durch die *concierge* der Köchin meine Hochachtung ausrichten, hab' nur den Rat eines wirklichen penibIen Gourmets hinzugefügt, das nächste Mal mit dem Cayenne zu sparen.«

So war es also wirklich gewesen! Die boshafte Haushälterin hatte nur die halbe Botschaft überbracht!

Dann erzähle ich die bewegende Geschichte, wie nun jedes Jahr zur Jagdzeit meine Mutter im Andenken an Jean-Jacques (so glaube ich) ein Hummersoufflé zubereitet, und wir teilen eine weitere Flasche Kobolzwasser im Andenken an den teuren Verstorbenen, als der Herzog plötzlich mit allen Anzeichen einer männlichen Rührung durch eine Träne hindurch sagt:

»Will dir was sagen, mein Junge, während deine *maman* mir noch einmal dieses legendäre Hummersoufflé macht, werde ich selbst, als Zeichen meiner Wertschätzung für meinen einstigen Diener, heimlich hinuntergehen – «

»O Sir!« stottere ich. »Ihr seid zu freundlich!«

Und gleich eile ich in die Küche, wo ich meine Mutter gerade mit der Béchamelsauce beginnen sehe. Und schließlich, als die Butter schmilzt, wie das Herz des Herzogs schmolz, als ich ihm ihre Geschichte erzählte, öffnet sich verstohlen die Küchentür, und auf Zehenspitzen tritt er selber ein. Noch nie paßte ein Paar vom Umfang her besser zusammen, muß ich sagen. Die Küchenbrigade wendet die Köpfe beiseite, um diesen romantischen Augenblick zu respektieren, doch ich, der ihn herbeigeführt hat, kann es mir nicht versagen, hinüberzuspähen.

Er schleicht sich hinter sie, den Zeigefinger an die Lippen gelegt, um Vorsicht und Schweigen anzuzeigen, und er streckt den Arm aus, und langsam, langsam, langsam, mit unendlicher Zartheit, unendlichem Takt, läßt er seine Hand auf ihr Hinterteil sinken – es hätte die Berührung einer landenden Fliege sein können. Sie zuckt kurz, wie eine Stute auf der Wiese mit der Kruppe zuckt, und siebt ungerührt das Mehl ein. Der *duc* selbst zittert ein wenig. Ein Ausdruck wie der eines kleines Kindes in einer Konditorei geht über seine ein wenig bourbonischen Züge. Er versucht, über ihre Schulter zu sehen und herauszufinden, was sie mit ihrer *batterie de cuisine* anstellt, doch sein Embonpoint ist ihm im Wege.

Vielleicht geschieht es, um sie ein wenig zur Seite zu drängen, vielleicht ist es ein aufrichtiger Tribut an ihre umfangreichen Reize, doch nun, mit großartiger, massiver Eleganz, greift er zu.

Meine Mutter stößt einen Seufzer aus, stark genug, das geschlagene Eiweiß wegzuwehen, doch als große Künstlerin, die sie ist, läßt sie ihre Hand nicht einmal zittern, als sie das Eigelb unterzieht. Und als die herzogliche Hand nun höher streift – kein Beben stört die Bewegung des Löffels.

Denn nun geht es, man verstehe, um das Würzen. Und diesmal – hinein mit gerade der richtigen Menge Cayenne. Kein Körnlein zuviel. Hurra! Dieses Soufflé, das wird – ich schwenke den Kreis, den mein Daumen und mein Zeigefinger gebildet haben. Ich mime einen Kuß.

Das Eiweiß stürzt in die Panade. Die Bewegungen ihres Löffels sind rasch und leicht wie die eines Vogels, der in der Falle gefangen ist. Sie stülpt alles in die Souffléform.

Er kneift.

Und *dann* ruft sie: »Zum Teufel damit!« Vom Libretto abweichend schwingt meine Mutter nun ihren hölzernen Löffel wie eine Keule und läßt ihn, klack! mit beträchtlicher Wucht auf das Haupt des Herzogs niedersausen. Er stürzt mit leisem Aufstöhnen auf die Steinfliesen.

»Da hast du's«, teilt sie seiner hingestreckten Gestalt mit. Dann schließt sie sorgsam den Ofen hinter dem Soufflé.

»Wie konntest du!« ruf' ich.

»Soll ich ihn vielleicht mein Soufflé verderben lassen? Ging es nicht um ein Haar daneben, letztes Mal?«

Ein Küchenjunge hilft mir, den Herzog auf den Marmorblock zu legen. Nach leichten Klapsen ins Gesicht, nachdem wir seine Schläfen mit einer in eisgekühltem Chablis getränkten Serviette benetzt haben, schlägt er endlich langsam die Augen wieder auf und kommt zu sich.

»Quelle femme«, flüstert er.

Meine Mutter, mit der Stoppuhr in der Hand vor dem Herd kauernd, achtet seiner nicht.

»Sie hatte Angst, Ihr würdet das Soufflé verderben«, erkläre ich höchst verlegen.

»Welche Hingabe an das Werk!«

Der Mann scheint von Ehrfurcht überwältigt. Er starrt meine Mutter an, als könne er nie genug von dem Anblick bekommen. So hurtig, wie ein Mann seines Umfangs es vermag, springt er von der Marmorplatte herab, rennt durch die Küche, wirft sich ihr zu Füßen.

»Ich bitte Sie, ich flehe Sie an – «

Doch meine Mutter hat nur Augen für den Herd.

»*Da* habt Ihr's!« Die Tür aufreißend, bringt sie die – wahrlich! – die Königin aller Soufflés zum Vorschein, die ihre Erzengelschwingen über die ganze Küche breitet, aus der Form emporspringend, in der sie allein die Schwerkraft zurückhält. Alle Anwesenden (siebenundvierzig an der Zahl – die Küchenbrigade und ich, plus Herzog) applaudieren und brechen in Hochrufe aus.

Die Haushälterin beißt sich die Nägel zuschanden, als meine Mutter in dem geschlossenen Landauer in die allereigenste hochadelige und französische Küche des Herzogs davonfährt, doch sie tröstet sich mit dem Gedanken, daß sie Sir und Madam schon überreden wird, ihr einen nagelneuen *chef* wie Soyer oder Carême zu holen, der sich ihr schnurrbartzwirbelnd nähern wird und der sie zu häufigen *babas au rhum* einladen kann. Doch – ich bin schließlich das einzige Kind der Küche meiner Mutter, und nun trete ich mein Erbe an! Außerdem, wie könnte sich die Haushälterin beklagen? Bin ich nicht der jüngste (aus Yorkshire gebürtige) französische Koch im ganzen Land?

Bin ich denn nicht des Herzogs Stiefsohn?

Ein Soufflé, egal ob Hummer-, Käse- oder Erdbeersoufflé, ist ein kulinarischer Hochseilakt, den man auf gar keinen Fall versuchen sollte, wenn ein romantisches Menü zu zweit geplant ist. »Soufflés sind hauchzarte, schaumige Aufläufe, die zum größten Teil aus gebackenem Eierschaum bestehen.« Ein Soufflé darf keinem kalten Luftzug ausgesetzt werden; es muß sofort aufgetischt werden, da es schnell zusammenfällt und dadurch unansehnlich wird. Kein Wunder also, daß die Köchin aus Yorkshire sich durch nichts, aber auch gar nichts von der Zubereitung ablenken läßt.

Was nützt es, sich als Gastgeber stundenlang in der Küche abzumühen, um nur ja eine extraordinäre Kreation auf den Tisch zu bringen, wenn dann die Nerven flattern, weil der umworbene Gast vor dem nächsten – diesem so hochsensiblen – Gang noch eine Zigarette rauchen oder sich am Ohrläppchen der Köchin versuchen möchte? Ob letztere ihre Nervosität zu kaschieren versucht oder dem Gast seinen Wunsch abschlägt: Die Stimmung ist auf jeden Fall beeinträchtigt. Wenn der empfindliche Auflauf dann trotz aller Vorkehrungen mit einem leisen »Pffff« in sich zusammensinkt, ist der Abend wohl gelaufen, es sei denn, die Köchin schafft es, über die Katastrophe zu lachen.

Ein perfektes Essen für ein trautes Tête-à-tête sollte auf keinen Fall erst nach dem Eintreffen des Gastes mit großem Zeit- und Arbeitsbrimborium zelebriert werden, es sei denn auf ausdrücklichen Wunsch des Eingeladenen. Kochen zu zweit kann ja sehr amüsant und anregend sein, doch müssen, wie bei jedem Akt zu zweien, beide Spaß daran haben. Besonders in alten amerikanischen Filmen sieht das immer ungeheuer adrett aus, wenn die Dame mit gestärktem Cocktail-Schürzchen ihren geschniegelten und gebügelten Gast empfängt und ihn dann in der blitzblanken Küche kokett von ihrem Löffelchen naschen läßt. Das Letzte allerdings, was dem heutigen Zuschauer dazu einfällt, ist Sex.

Um puren Sex geht es beim Sploshen. Vor allem in England ist es ein sehr beliebtes Spiel, sich gegenseitig mit allen möglichen Lebensmitteln einzuschmieren – Hauptsache: Sie sind schön cremig und lassen sich gut ablecken. Der Phantasie sind keine Grenzen gesetzt. Spitzenreiter sind – nach einer repräsentativen Umfrage – Schokoladencreme und Pudding. Eine Abart des Sploshens ist derzeit in Japan en vogue. Sushi wird auf einem nackten Mädchen angerichtet; die Herren futtern dann von dieser lebendigen Tafel und füttern gnädig auch das Mädchen. Ob der Maler Salvador Dalí die Nachahmung seiner surrealistischen Aktion mit Mädchen und Langusten goutieren würde, darf getrost in Zweifel gezogen werden.

Hummer en croustade

1 Hummer von ca. 550 g
1 kleine schwarze Trüffel
100 g Champignons
Sahnebéchamelsauce

Hummersoufflé erfordert höchste Konzentration und die großen Weihen der Kochkunst. Wir machen es uns deshalb leicht und packen den Hummer in eine Pastete.

Hohlpasteten aus ungezuckertem Mürbeteig bereiten oder Blätterteigpasteten beim Konditor bestellen.

Vom Feinkosthändler den Hummer kochen lassen (Zeitpunkt vorher absprechen!).

Das Hummerfleisch auslösen (oder vom Feinkosthändler auslösen lassen), auch aus den Scheren, und in Würfel schneiden.

Mit den kurz angedünsteten Champignonscheiben und hauchdünn gehobelter Trüffel in die heiße Béchamelsauce geben und vorsichtig mischen.

In die vorbereiteten Pasteten füllen und kurz im Rohr überbacken.

Babylanguste mit Zitronen-Crème Fraîche und Rucolasalat mit Pinienkernen

Languste:
1 Babylanguste von ca. 600–700 g
3 EL Olivenöl
50 g Butter
Salz, Cayennepfeffer
1 Zitrone
1 Bund Blattpetersilie

Zitronen-Crème Fraîche:
125 g Crème Fraîche
1 Zitrone
2 EL Naturjoghurt
Salz, Cayennepfeffer

Rucolasalat:
200 g wilder Rucolasalat
50 g Pinienkerne
2 EL Balsamicoessig
8 EL Olivenöl
Salz, Prise Zucker
Pfeffer aus der Mühle

Die Babylanguste in kochendem Wasser 2 Minuten garen und danach längs (von der Mitte her) halbieren.

Im Öl-Butter-Gemisch nicht zu heiß auf der Fleischseite 4–5 Minuten goldgelb braten.

Die Crème Fraîche mit Joghurt und Zitronensaft verrühren, mit Salz und Cayennepfeffer abschmecken.

Den gewaschenen Rucolasalat mit Balsamico, Olivenöl und Gewürzen marinieren; mit angestoßenen und frisch in der trockenen Pfanne gerösteten Pinienkernen verfeinern.

Rucolasalat flach auf die Teller legen, Languste in der Mitte darauf setzen. Mit der Crème Fraîche überträufeln.

Junger Teufel, glatter Knabe

Thomas Mann
Bekenntnisse des Hochstaplers Felix Krull

Am zweiten Tag schon, nachmittags gegen fünf – auch Eustache war mit seinem Gefährt gerade unten – erschien sie in der Ascenseur-Nische der Halle, den Schleier über dem Hut, wie ich sie schon gesehen. Der gänzlich alltägliche Kollege und ich standen vor unseren offenen Türen, und sie trat mitten vor uns hin, indem sie mich ansah, kurz die Augen aufriß und lächelnd auf ihren Füßen schwankte, ungewiß für welchen Fahrstuhl sie sich entscheiden sollte. Es war gar kein Zweifel, daß es sie zu meinem zog; aber da Eustache schon beiseite getreten war und sie mit der Hand in seinen lud, so dachte sie wohl, er sei dienstlich an der Reihe, trat, nicht ohne sich unverhohlen über die Schulter, mit erneutem Augenaufreißen, nach mir umzusehen, bei ihm ein und entglitt.

Das war alles für diesmal, außer daß ich, bei einem neuen unteren Zusammentreffen mit Eustache, von ihm ihren Namen erfuhr. Sie hieß Madame Houpflé und war aus Straßburg.

»Impudemment riche, tu sais«, fügte Eustache hinzu, worauf ich nur mit einem kühlen »Tant mieux pour elle« erwiderte.

Am folgenden Tag um dieselbe Stunde, als eben die beiden anderen Lifts unterwegs waren und ich allein vor dem meinen stand, war sie wieder da, in einer sehr schönen, langschößigen Nerzjacke diesmal und einem Barett aus dem gleichen Pelzwerk, vom Shopping kommend, denn sie trug mehrere, wenn auch nicht große, elegant eingeschlagene und verschnürte Pakete im Arm und in der Hand. Befriedigt nickte sie bei meinem Anblick, sah lächelnd meiner von einem ehrerbietigen »Madame – « begleiteten Verbeugung zu, die etwas von einer Aufforderung zum Tanze hatte, und ließ sich mit mir in dem erleuchteten Schwebestübchen einschließen. Währenddessen klingelte es vom vierten Stock.

»Deuxième, n'est-ce pas, Madame?« fragte ich, da sie mir keine Weisung gegeben hatte.

Sie war nicht in den Hintergrund des kleinen Raumes getreten, stand nicht hinter mir, sondern neben mir an der Tür und sah abwechselnd auf meine den Hebel haltende Hand und in mein Gesicht.

»Mais oui, deuxième«, sagte sie. »Comment savez-vous?«

»Je le sais, tout simplement.«

»Ah? – Der neue Armand, wenn ich nicht irre?«

»Zu Diensten, Madame.«

»Man kann sagen«, gab sie zurück, »daß dieser Wechsel einen Fortschritt in der Zusammensetzung des Personals bedeutet.«

»Zu Diensten, Madame.«

Ihre Stimme war ein sehr wohliger, nervös bewegter Alt. Aber während ich es dachte, sprach sie von meiner eigenen.

»Ich möchte Sie«, sprach sie, »wegen Ihrer angenehmen Stimme loben.« – Die Worte des Geistlichen Rates Chateau!

»Je serais infiniment content, Madame«, erwiderte ich, »si ma voix n'offensait pas votre oreille!«

Es klingelte wiederholt von oben. Wir waren im zweiten Stock. Sie fügte hinzu:

»C'est en effet une oreille musicale et sensible. Du reste, l'ouïe n'est pas le seul de mes sens qui est susceptible.«

Sie war erstaunlich! Ich unterstützte sie zart beim Hinaustreten, als ob es da irgend etwas zu unterstützen gegeben hätte, und sagte:

»Erlauben Sie, daß ich Sie endlich von Ihren Lasten befreie, Madame, und sie Ihnen auf Ihr Zimmer trage!«

Damit nahm ich ihr die Pakete ab, sammelte sie einzeln von ihr ein und folgte ihr damit, meinen Lift einfach im Stich lassend, den Korridor entlang. Es waren nur zwanzig Schritte. Sie öffnete zur Linken No. 23 und betrat, mir voran, ihr Schlafzimmer, dessen Tür zum Salon offenstand, – ein luxuriöses Schlafzimmer, parkettiert, mit großem Perserteppich, Kirschholzmöbeln, blitzendem Gerät auf dem Toilettetisch, einer breiten, mit gestepptem Atlas bedeckten Messing-Bettstatt und einer grausamtenen Chaiselongue. Auf diese sowie auf die gläserne Platte des Tischchens legte ich die Pakete, während Madame ihr Barett abnahm und ihre Pelzjacke öffnete.

»Meine Zofe ist nicht zur Hand«, sagte sie. »Sie hat ihr Zimmer eine Treppe höher. Würden Sie Ihre Aufmerksamkeit vollenden, indem Sie mir aus diesem Kleidungsstück helfen?«

»Mit außerordentlichem Vergnügen«, erwiderte ich und machte mich ans Werk. Während ich aber damit beschäftigt war, ihr das erwärmte, mit Seide gefütterte Pelzwerk von den Schultern zu streifen, wandte sie den Kopf im reichen braunen Haar, worin über der Stirn eine gewellte weiße Strähne, erbleicht vor dem übrigen, sich freimütig hervortat, zu mir herum, und indem sie die Augen zuerst kurz aufriß, sie dann jedoch zwischen den wieder verengten Lidern traumhaft verschwimmen ließ, sprach sie das Wort:

»Du entkleidest mich, kühner Knecht?«

Eine unglaubliche Frau und sehr ausdrucksvoll! Verblüfft, aber gefaßt, ordnete ich meine Antwort wie folgt:

»Wollte Gott, Madame, meine Zeit erlaubte mir, den Dingen diese Deutung zu geben und in einer so reizenden Beschäftigung nach Belieben fortzufahren!«

»Du hast keine Zeit für mich?«

»Unglücklicherweise nicht in diesem Augenblick, Madame. Mein Ascenseur wartet draußen. Er steht offen da, während von oben und unten nach ihm geläutet wird und vielleicht in diesem Stockwerk Gäste sich vor ihm ansammeln. Ich würde meinen Posten verlieren, wenn ich ihn länger vernachlässigte ...«

»Aber du hättest Zeit für mich, – wenn du Zeit für mich hättest?«

»Unendlich viel, Madame!«

»*Wann* wirst du Zeit für mich haben?« fragte sie, wiederholt zwischen der jähen Erweiterung ihrer Augen und dem schwimmenden Blicke wechselnd, und trat in dem eng den Körperformen sich anschmiegenden Tailormade von blaugrauer Farbe, das sie trug, dicht vor mich hin.

»Um elf Uhr werde ich dienstfrei sein«, erwiderte ich gedämpft.

»Ich werde dich erwarten«, sagte sie in demselben Ton. »Dies zum Pfande!« Und ehe ich mich's versah, war mein Kopf zwischen ihren Händen und ihr Mund auf dem meinen, zu einem Kuß, der recht weit ging – weit genug, um ihn zu einem ungewöhnlich bindenden Pfande zu machen.

Gewiß war ich etwas bleich, als ich ihre Pelzjacke, die ich noch immer in Händen gehalten, auf die Chaiselongue niederlegte und mich zurückzog. Wirklich standen, ratlos wartend, drei Personen vor dem offenen Lift, bei denen ich mich nicht nur wegen meines durch einen dringenden Auftrag verursachten Säumens zu entschuldigen hatte, sondern auch dafür, daß ich sie, bevor ich sie hinabbrachte, erst in den vierten Stock hinauffuhr, von wo ich gerufen worden, wo aber niemand mehr war. Unten bekam ich der Verkehrsstockung wegen, die ich angerichtet, Grobheiten zu hören, die ich mit der Erklärung abwehrte, ich hätte notwendig eine von plötzlicher Schwäche befallene Dame zu ihrem Zimmer geleiten müssen.

Madame Houpflé – und Schwäche! Eine Frau von solcher Bravour! Diese, so dachte ich, wurde ihr freilich erleichtert durch ihr dem meinen so überlegenes Alter und dazu durch meine untergeordnete soziale Stellung, der sie einen so seltsam gehobenen Ausdruck verliehen hatte. »Kühner Knecht!« hatte sie mich genannt – eine Frau von Poesie! »Du entkleidest mich, kühner Knecht?« Das packende Wort lag mir den ganzen Abend im Sinn, diese ganzen sechs Stunden, die hinzubringen waren, bis ich »Zeit für sie haben« würde. Es kränkte mich etwas, das Wort, und erfüllte mich doch auch wieder mit Stolz – sogar auf meine Kühnheit, die ich gar nicht besessen, sondern die sie mir einfach unterstellt und zudiktiert hatte. Jedenfalls besaß ich sie nun im Überfluß. Sie hatte sie mir eingeflößt – besonders noch durch jenes sehr bindende Unterpfand.

Um sieben Uhr fuhr ich sie zum Diner hinunter: zu anderen Gästen in Abendtoilette, die ich aus den oberen Stockwerken geholt und die sich zum Speisen begaben, tat sie bei mir ein, in einem wundervollen weißen Seidenkleid mit kurzer Schleppe, Spitzen und gestickter Tunika, deren Taille ein schwarzes Sammetband gürtete, um den Hals ein Collier milchig schimmernder, untadelig gestalteter Perlen, das zu ihrem Glück – und zu Meister Jean-Pierre's Mißgeschick – nicht in dem Kästchen gewesen war. Die Vollendung, mit der sie mich übersah – und das nach einem so weitgehenden Kuß! –, mußte ich bewundern, rächte mich aber dafür, indem ich nicht ihr, sondern einer gespenstisch aufgeputzten Greisin beim Austritt die Hand unter den Ellbogen legte. Mir ist, als hätte ich sie lächeln gesehen über meine mildtätige Galanterie.

Zu welcher Stunde sie in ihre Zimmer zurückkehrte, blieb mir verborgen. Einmal aber mußte es elf Uhr werden, um welche Stunde der Dienst zwar weiterging, aber nur noch von einem Lift unterhalten wurde, während die Führer der beiden anderen Feierabend hatten. Ich war heute einer von ihnen. Um mich nach der Tagesfron zum zartesten aller Stelldichein etwas zu erfrischen, suchte ich zuerst unseren Waschraum auf und stieg dann zu Fuß in den zweiten Stock hinab, dessen Korridor mit seinem den Schritt zur Lautlosigkeit dämpfenden roten Läufer um diese Stunde schon in unbegangener Ruhe lag. Ich fand es schicklich, an der Tür von Madame Houpflé's Salon, No. 25, zu klopfen, erhielt aber dort keine Antwort. So öffnete ich die Außentür von 23, ihrem Schlafzimmer, und pochte mit hingeneigtem Ohr diskret an die innere.

Ein fragendes »Entrez?« von leise verwunderter Betonung kam zurück. Ich folgte ihm, da ich die Verwunderung in den Wind schlagen durfte. Das Zimmer lag im rötlichen Halbdunkel des seidenbeschirmten Nachttischlämpchens, von dem es allein erhellt war. Die kühne Bewohnerin – gern und mit Recht übertrage ich auf sie das Beiwort, das sie mir verliehen – erblickte mein rasch die Umstände erforschendes Auge im Bette, unter purpurner Atlas-Steppdecke, – in der prächtigen Messing-Bettstatt, die, das Kopfende zur Wand gekehrt und die Chaiselongue zu ihren Füßen, freistehend ziemlich nahe dem dicht verhangenen Fenster aufgeschlagen war. Meine Reisende lag dort, die Arme hinter dem Kopf verschränkt, in einem batistenen Nachtgewande mit kurzen Ärmeln und einem von Spitzen umrahmten quellenden Décolleté. Sie hatte ihren Haarknoten zur Nacht gelöst und die Flechten auf eine sehr kleidsame, lockere Art kranzförmig um den Kopf gewunden. Zur Locke gewellt ging die weiße Strähne von ihrer nicht mehr furchenfreien Stirn zurück. Kaum hatte ich die Tür geschlossen, als ich hinter mir den Riegel vorfallen hörte, der vom Bette aus durch einen Zug zu dirigieren war.

Sie riß die goldenen Augen auf, für einen jähen Moment nur, wie gewöhnlich; aber ihre Züge blieben in einer Art nervöser Lügenhaftigkeit leicht verzerrt, als sie sagte:

»Wie? Was ist das? Ein Hausangestellter, ein Domestik, ein junger Mann vom Gesinde tritt bei mir ein, zu dieser Stunde, da ich bereits der Ruhe pflege?«

»Sie haben den Wunsch geäußert, Madame –«, erwiderte ich, indem ich mich ihrem Lager näherte.

»Den Wunsch? Tat ich das? Du sagst ›den Wunsch‹ und gibst vor, den Befehl zu meinen, den eine Dame einem kleinen Bedienten, einem Liftjungen erteilt, meinst aber in deiner ungeheueren Keckheit, ja Unverschämtheit ›das Verlangen‹, ›das heiße, sehnsüchtige Begehren‹, meinst es ganz einfach und mit Selbstverständlichkeit, weil du jung bist und schön, so schön, so jung, so dreist ... ›Den Wunsch‹! Sag mir doch wenigstens, du Wunschbild, Traum meiner Sinne, Mignon in Livree, süßer Helot, ob du in deiner Frechheit diesen Wunsch ein wenig zu teilen wagtest!«

Damit nahm sie mich bei der Hand und zog mich auf den Rand ihres Bettes nieder zu schrägem Kantensitz: ich mußte der Balance wegen meinen Arm ausstrecken über sie hin und mich gegen die Rückwand des Bettes stützen, so daß ich über ihre von feinem Leinen und Spitzen wenig verhüllte Nacktheit gebeugt saß, deren Wärme mich duftig berührte. Leicht gekränkt, wie ich zugebe, durch ihre immer wiederholte Erwähnung und Betonung meines niedrigen Standes – was hatte und wollte sie nur damit? – neigte ich mich statt aller Antwort vollends zu ihr hinab und senkte meine Lippen auf ihre. Nicht nur aber, daß sie den Kuß noch weitgehender ausgestaltete als den ersten vom Nachmittag, wobei es an meinem Entgegenkommen nicht fehlte, – so nahm sie auch meine Hand aus ihrer Stütze und führte sie in ihr Décolleté zu ihren Brüsten, die sehr handlich waren, führte sie da am Gelenk herum auf eine Weise, daß meine Männlichkeit, wie ihr nicht entgehen konnte, in den bedrängendsten Aufstand geriet. Von dieser Wahrnehmung gerührt, gurrte sie weich, mit einer Mischung aus Mitleid und Freude:

»Oh, holde Jugend, viel schöner als dieser Leib, dem es vergönnt ist, sie so zu entflammen!«

Damit begann sie, mit beiden Händen an dem Kragenverschluß meiner Jacke zu nesteln, ihn aufzuhaken und mit unglaublicher Geschwindigkeit ihre Knöpfe zu öffnen.

»Fort, fort, hinweg damit und damit auch«, hasteten ihre Worte. »Ab und hinweg, daß ich dich sehe, daß ich den Gott erblicke! Hilf rasch! Comment, à ce propos, quand l'heure nous appelle, n'êtes-vous pas encore prêt pour la chapelle? Déshabillez-vous vite! Je compte les instants! La parure de noce! So nenn' ich deine Göttterglieder, die anzuschaun mich dürstet, seit ich zuerst dich sah. Ah so, ah da! Die heilige Brust, die Schultern, der süße Arm! Hinweg denn endlich auch hiermit – oh, la, la, das nenne ich Galanterie! Zu mir denn, bien-aimé! Zu mir, zu mir ...«

Nie gab es eine ausdrucksvollere Frau! Das war Gesang, was sie von sich gab, nichts anderes. Und sie fuhr fort, sich auszudrücken, als ich bei ihr war, es war ihre Art, alles in Worte zu fassen. In ihren Armen hielt sie den Zögling und Eingeweihten der gestrengen Rozsa. Er machte sie sehr glücklich und durft' es hören, daß er es tat:

»O Süßester! O Engel du der Liebe, Ausgeburt der Lust! Ah, ah, du junger Teufel, glatter Knabe, wie du das kannst! Mein Mann kann gar nichts, überhaupt nichts, mußt du wissen. O du Beseliger, du tötest mich! Die Wonne raubt mir den Atem, bricht mein Herz, ich werde sterben an deiner Liebe!« Sie biß mich in die Lippe, in den Hals. »Nenne mich du!« stöhnte sie plötzlich, nahe dem Gipfel. »Duze mich derb zu meiner Erniedrigung! J'adore d'être humiliée! Je l'adore! Oh, je t'adore, petit esclave stupide qui me déshonore ...«

Sie verging. Wir vergingen. Ich hatte ihr mein Bestes gegeben, hatte, genießend, wahrlich abgezahlt. Wie aber hätte es mich nicht verdrießen sollen, daß sie auf dem Gipfel von Erniedrigung gestammelt und mich einen dummen kleinen Sklaven genannt hatte? Wir ruhten noch verbunden, noch in enger Umarmung, doch erwiderte ich aus Mißmut über dieses »qui me déshonore« nicht ihre Dankesküsse. Den Mund an meinem Körper, hauchte sie wieder:

»Nenne mich du, geschwind! Ich habe dies Du von dir zu mir noch nicht vernommen. Ich liege hier und mache Liebe mit einem zwar göttlichen, doch ganz gemeinen Domestikenjungen. Wie mich das köstlich entehrt! Ich heiße Diane. Du aber, mit deinen Lippen, nenne mich Hure, ausdrücklich ›du süße Hure‹!«

»Süße Diane!«

»Nein, sag ›du Hure‹! Laß mich meine Erniedrigung so recht im Worte kosten ...«

Ich löste mich von ihr. Wir lagen, die Herzen noch hoch klopfend, beieinander. Ich sagte:

»Nein, Diane, du wirst solche Worte von mir nicht hören. Ich weigere mich. Und ich muß gestehen, es ist für mich recht bitter, daß du Erniedrigung findest in meiner Liebe ...«

»Nicht in deiner«, sagte sie, indem sie mich an sich zog. »In meiner! In meiner Liebe zu euch nichtigen Knaben! Ach, holder Dümmling, du verstehst das nicht!« Und dabei nahm sie meinen Kopf und stieß in mehrmals in einer Art von zärtlicher Verzweiflung gegen den ihren. »Ich bin Schriftstellerin, mußt du wissen, eine Frau von Geist. Diane Philibert, – mein Mann, er heißt Houpflé, c'est du dernier ridicule, – ich schreibe unter meinem Mädchennamen Diane Philibert, sous ce nom de plume. Natürlich hast du den Namen nie gehört, wie solltest du wohl? – der auf so vielen Büchern zu lesen ist, es sind Romane, verstehst du, voll Seelenkunde, pleins d'esprit, et des volumes de vers passionnés ... Ja, mein armer Liebling, deine Diane, sie ist d'une intelligence extrême. Der Geist jedoch – ach!« – und sie stieß wieder, etwas härter sogar als vorhin, unsere Köpfe zusammen – »wie solltest du das begreifen! Der Geist ist wonnegierig nach dem Nicht-Geistigen, dem Lebendig-Schönen dans sa stupidité, verliebt, oh, so bis zur Narrheit und letzten Selbstverleugnung und Selbstverneinung verliebt ist er ins Schöne und Göttlich-Dumme, er kniet vor ihm, er betet es an in der Wollust der Selbstentsagung, Selbsterniedrigung, und es berauscht ihn, von ihm erniedrigt zu werden ...«

»Nun, liebes Kind«, so unterbrach ich sie denn doch. »Schön hin und her – wenn die Natur es mit mir recht gemacht –, für gar so auf den Kopf gefallen solltest du mich nicht halten, auch wenn ich deine Romane und Gedichte ...«

Sie ließ mich nicht weiterreden. Sie war auf unerwünschte Weise entzückt.

»Du nennst mich ›liebes Kind‹?« rief sie, indem sie mich stürmisch umfing und ihren Mund an meinem Hals vergrub. »Ah, das ist köstlich. Das ist viel besser noch als ›süße Hure‹! Das ist viel tiefere Wonne als alle, die du Liebeskünstler mir angetan! Ein kleiner nackter Lifttreiber liegt bei mir und nennt mich ›liebes Kind‹, mich, Diane Philibert! C'est exquis ... ça me transporte! Armand, Chéri, ich wollte dich nicht kränken. Ich wollte nicht sagen, daß du besonders dumm bist. Alle Schönheit ist dumm, weil sie ganz einfach ein Sein ist, Gegenstand der Verherrlichung durch den Geist. Laß dich sehen, ganz sehen, – hilf Himmel, bist du schön! Die Brust so süß in ihrer weichen und klaren Strenge, der schlanke Arm, die holden Rippen, eingezogenen Hüften, und ach, die Hermes-Beine ...«

»Aber geh, Diane, das ist nicht recht! Ich bin es doch, der alles Schöne in dir ...«

»Unsinn! Das bildet ihr euch nur ein. Wir Weiber mögen von Glück sagen, daß unsere runden Siebensachen euch so gefallen. Aber das Göttliche, das Meisterwerk der Schöpfung, Standbild der Schönheit, das seid ihr, ihr jungen, ganz jungen Männer mit den Hermes-Beinen. Weißt du, wer Hermes ist?«

»Ich muß gestehen, im Augenblick – «

»Céleste! Diane Philibert macht Liebe mit einem, der von Hermes nie gehört hat! Wie das den Geist köstlich erniedrigt! Ich will dir sagen, süßer Tropf, wer Hermes ist. Er ist der geschmeidige Gott der Diebe.«

Ich stutzte und wurde rot. Ich sah sie nahe an, vermutete und ließ die Vermutung wieder fallen. Ein Gedanke kam mir, doch stellte ich ihn noch zurück; sie übersprach ihn auch mit den Geständnissen, die sie in meinem Arm ablegte, raunend und dann wieder die Stimme warm und sanghaft erhebend.

»Willst du glauben, Geliebter, daß ich nur dich, immer nur dich geliebt habe, seit ich empfinde? Will sagen, natürlich nicht dich, doch die Idee von dir, den holden Augenblick, den du verkörperst? Nenn es Verkehrtheit, aber ich verabscheue den Vollmann mit dem Vollbart, die Brust voller Wolle, den reifen und nun gar den bedeutenden Mann – affreux, entsetzlich! Bedeutend bin ich selbst, – das gerade würde ich als pervers empfinden: de me coucher avec un homme penseur. Nur euch Knaben hab' ich geliebt von je, – als Mädchen von dreizehn war ich vernarrt in Buben von vierzehn, fünfzehn. Der Typus wuchs ein wenig mit mir und meinen Jahren, aber über achtzehn hat er's, hat mein Geschmack, hat meiner Sinne Sehnsucht es nie hinausgebracht ... Wie alt bis du?«

»Zwanzig«, gab ich an.

»Du siehst jünger aus. Beinahe bist du schon etwas zu alt für mich.«

»Ich, zu alt für dich?«

»Laß, laß nur! Wie du bist, bist du mir recht bis zur Glückseligkeit. Ich will dir sagen ... Vielleicht hängt meine Leidenschaft damit zusammen, daß ich nie Mutter war, nie Mutter eines Sohnes. Ich hätte ihn abgöttisch geliebt, wär' er nur halbwegs schön gewesen, was freilich unwahrscheinlich, wäre er mir von Houpflé gekommen. Vielleicht, sag' ich, ist diese Liebe zu euch versetzte Mutterliebe, die Sehnsucht nach dem Sohn ... Verkehrtheit, sagst du? Und ihr? Was wollt ihr mit unseren Brüsten, die euch tränkten, unserem Schoß, der euch gebar? Wollt ihr nicht nur zurück zu ihnen, nicht wieder Brustkinder sein? Ist es nicht die Mutter, die ihr unerlaubterweise im Weibe liebt? Verkehrtheit! Die Liebe ist verkehrt durch und durch, sie kann gar nicht anders sein als verkehrt. Setze die Sonde an bei ihr, wo du willst, so findest du sie verkehrt ... Aber traurig ist es freilich und schmerzensreich für eine Frau, den Mann nur ganz, ganz jung, als Knaben nur zu lieben. C'est un amour tragique, irraisonnable, nicht anerkannt, nicht praktisch, nichts fürs Lebens, nichts für die Heirat. Man kann sich mit der Schönheit nicht verheiraten. Ich, ich habe Houpflé geheiratet, einen reichen Industriellen, damit ich im Schutze seines Reichtums meine Bücher schreiben kann, qui sont énormément intelligents. Mein Mann kann gar nichts, wie ich dir sagte, wenigstens bei mir. Il me trompe, wie man das nennt, mit einer Demoiselle vom Theater. Vielleicht kann er was bei der – ich möchte es bezweifeln. Es ist mir auch gleichviel, – diese ganze Welt von Mann und Weib und Ehe und Betrug ist mir gleichviel. Ich lebe in meiner sogenannten Verkehrtheit, in meines Lebens Liebe, die allem zum Grunde liegt, was ich bin, in dem Glück und Elend dieses Enthusiasmus mit seinem teueren Schwur, daß nichts, nichts in dem ganzen Umkreis der Phänomene dem Reiz gleichkommt jugendlicher Früh-Männlichkeit, – in der Liebe zu euch, zu dir, du Wunschbild, dessen Schönheit ich küsse mit meines Geistes letzter Unterwürfigkeit! Ich küsse deine anmaßenden Lippen über den weißen Zähnen, die du im Lächeln zeigst. Ich küsse die zarten Sterne deiner Brust, die goldenen Härchen auf dem brünetten Grunde deines Unterarms. Was ist das? Woher nimmst du bei deinen blauen Augen und blonden Haaren diesen Teint, den hellen Bronzeton deiner Haut? Du bist verwirrend. Ob du verwirrend bist! La fleur de ta jeunesse remplit mon cœur âgé d'une éternelle ivresse. Nie endigt dieser Rausch; ich werde mit ihm sterben, doch immer wird mein Geist, ihr Ranken, euch umwerben. Du auch, bien aimé, du alterst hin zum Grabe gar bald, doch das ist Trost und meines Herzens Labe: ihr werdet immer sein, der Schönheit kurzes Glück, holdseliger Unbestand, ewiger Augenblick!«

»Wie sprichst du nur?«

»Wie denn? Bist du verwundert, daß man in Versen preist, was man so heiß bewundert? Tu ne connais pas donc le vers alexandrin – ni le dieu voleur, toi-même si divin?«

Beschämt, wie ein kleiner Junge, schüttelte ich den Kopf. Sie wußte sich darob nicht zu lassen vor Zärtlichkeit, und ich muß gestehen, daß so viel Lob und Preis, in Verse ausartend zuletzt sogar, mich stark erregt hatte. Obgleich das Opfer, das ich bei unserer ersten Umarmung gebracht, nach meiner Art der äußersten Verausgabung gleichgekommen war, fand sie mich wieder in großer Liebesform, – fand mich so mit jener Mischung aus Rührung und Entzücken, das ich schon an ihr kannte. Wir einten uns aufs neue. Ließ sie aber von dem, was sie die Selbstentäußerung des Geistes nannte, von dieser Erniedrigungsnarretei wohl ab? Sie tat es nicht.

»Armand«, flüsterte sie an meinem Ohr, »treibe es wüst mit mir! Ich bin ganz dein, bin deine Sklavin! Geh mit mir um wie mit der letzten Dirne! Ich verdiene es nicht anders, und Seligkeit wird es mir sein!«

Ich hörte darauf gar nicht. Wir erstarben wieder. In der Ermattung aber grübelte sie und sagte plötzlich:

»Hör, Armand.«

»Was denn?«

»Wenn du mich etwas schlügest? Derb schlügest, meine ich? Mich, Diane Philibert? So recht geschähe mir, ich würde es dir danken. Da liegen deine Hosenträger, nimm sie, Liebster, drehe mich um und züchtige mich aufs Blut!«

»Ich denke nicht daran, Diane. Was mutest du mir zu? Ich bin solch ein Liebhaber nicht.«

»Ach, wie schade! Du hast zuviel Respekt vor der feinen Dame.«

Da kehrte mir der Gedanke wieder, der mir vorhin entglitten war. Ich sagte:

»Höre nun du, Diane! Ich will dir etwas beichten, was dich vielleicht in seiner Art entschädigen kann für das, was ich dir aus Gründen des Geschmackes abschlagen muß. Sage mir doch: als du nach deiner Ankunft hier deinen Koffer, den großen, auspacktest oder auspacken ließest, hast du da vielleicht nicht etwas vermißt?«

»Vermißt? Nein. Aber ja! Wie weißt du?«

»Ein Kästchen?«

»Ein Kästchen, ja! Mit Schmuck. Wie weißt du denn?«

»Ich habe es genommen.«

»Genommen? Wann?«

»Bei der Douane standen wir nebeneinander. Du warst beschäftigt, und da nahm ich es.«

»Du hast es gestohlen? Du bist ein Dieb? Mais ça c'est suprême! Ich liege im Bett mit einem Diebe! C'est une humiliation merveilleuse, tout à fait excitante, un rêve d'humiliation! Nicht nur ein Domestik – ein ganz gemeiner Dieb!«

»Ich wußte, daß es dir Freude machen würde. Aber damals wußte ich das nicht und muß dich um Verzeihung bitten. Ich konnte nicht vorhersehen, daß wir uns lieben würden. Sonst hätte ich dir den Kummer und Schreck nicht angetan, deinen wunderschönen Topasschmuck, die Brillanten und all das andere entbehren zu müssen.«

»Kummer? Schrecken? Entbehren? Liebster, Juliette, meine Zofe, hat eine Weile gesucht. Ich, ich habe mich keine zwei Augenblicke um den Plunder gekümmert. Was gilt der mir? Du hast ihn gestohlen, Süßer – so ist er dein. Behalt ihn! Was machst du übrigens damit? Doch einerlei. Mein Mann, der morgen kommt mich holen, ist ja so reich! Er macht Klosettschüsseln, mußt du wissen. Die braucht jeder, wie du dir denken kannst. Straßburger Klosettschüsseln von Houpflé, die sind sehr gefragt, die gehen nach allen Enden der Welt. Er behängt mich mit Schmuck im Überfluß, aus lauter schlechtem Gewissen. Er wird mich mit dreimal schöneren Dingen behängen, als die du mir gestohlen. Ach, wieviel kostbarer ist mir der Dieb als das Gestohlene! Hermes! Er weiß nicht, wer das ist, und ist es selbst! Hermès, Hermès! – Armand?«

»Was willst du sagen?«

»Ich habe eine wundervolle Idee.«

»Und welche?«

»Armand, du sollst bei mir stehlen. Hier unter meinen Augen. Das heißt, ich schließe meine Augen und tue vor uns beiden, als ob ich schliefe. Aber verstohlen will ich dich stehlen sehen. Steh auf, wie du da bist, diebischer Gott, und stiehl! Du hast mir bei weitem nicht alles gestohlen, was ich mit mir führe, und ich habe für die paar Tage, bis mein Mann mich holt, nichts im Bureau deponiert. Da im Eckschränkchen, in der oberen Lade zur Rechten liegt der Schlüssel zu meiner Kommode. Darin findest du unter der Wäsche allerlei. Auch Bargeld ist da. Schleich herum mit Katzentritten im Zimmer und mause! Nicht wahr, du wirst deiner Diane diese Liebe erweisen!«

»Aber, liebes Kind – ich sage so, weil du es gerne hörst aus meinem Mund – liebes Kind, das wäre nicht schön und gar nicht gentlemanlike nach dem, was wir einander geworden ...«

»Tor! Es wird die reizendste Erfüllung unserer Liebe sein!«

»Und morgen kommt Monsieur Houpflé. Was wird er ...«

»Mein Mann? Was hat der zu sagen? Beiläufig erzähl' ich ihm mit dem gleichgültigsten Gesicht, ich sei auf der Reise ausgeplündert worden. Das kommt vor, nicht wahr, wenn man als reiche Frau ein wenig unachtsam ist. Hin ist hin und der Räuber längst über alle Berge. Nein, mit meinem Mann laß mich nur fertig werden!«

»Aber, süße Diane, unter deinen Augen ...«

»Ach, daß du keinen Sinn hast für die Lieblichkeit meines Einfalls! Gut, ich will dich nicht sehen. Ich lösche dieses Licht.« Und wirklich drehte sie das rotbeschirmte Lämpchen auf dem Nachttische ab, so daß Finsternis uns umhüllte. »Ich will dich nicht sehen. Ich will nur hören, wie leise das Parkett knackt unter deinem Diebestritt, nur deinen Atem hören beim Stehlen, und wie sacht in deinen Händen das Diebsgut klirrt. Fort, stiehl dich entschlüpfend weg von meiner Seite, schleiche, finde und nimm! Es ist mein Liebeswunsch ...«

So war ich ihr denn zu Willen. Behutsam hob ich mich fort von ihr und nahm im Zimmer, was sich da bot – überbequem zum Teil, denn gleich auf dem Nachttisch in einem Schälchen waren Ringe, und die Perlenkette, die sie zum Diner getragen, lag offen auf der Glasplatte des von Fauteuils umstandenen Tisches. Trotz tiefer Dunkelheit fand ich auch gleich im Eckschränkchen den Schlüssel zur Kommode, öffnete deren oberste Schublade fast lautlos und brauchte nur ein paar Wäschestücke aufzuheben, um auf Geschmiedetes sowohl, Gehänge, Reifen, Spangen, wie auf einige bedeutend große Geldscheine zu stoßen. Dies alles brachte ich ihr anstandshalber ans Bett, als hätte ich es für sie eingesammelt. Aber sie flüsterte:

»Närrchen, was willst du? Es ist ja dein Liebes-Diebsgut. Stopf es in deine Kleider, zieh sie an und mach dich aus dem Staube, wie sich's gehört! Mach schnell und flieh! Ich habe alles gehört, ich habe dich atmen hören beim Stehlen, und nun telephoniere ich nach der Polizei. Oder tue ich das lieber nicht? Was meinst du? Wie weit bist du? Bald fertig? Hast du deine Livree wieder an mit allem, was an Liebes- und Diebesgut darin? Meinen Schuhknöpfer hast du wohl nicht gestohlen, hier ist er ... Adieu, Armand! Leb ewig, ewig wohl, mein Abgott! Vergiß nicht deine Diane, denn bedenke, in ihr dauerst du. Nach Jahr und Jahren, wenn – le temps t'a détruit, ce cœur te gardera dans ton moment bénit. Ja, wenn das Grab uns deckt, mich und dich auch, Armand, tu vivras dans mes vers et dans mes beaux romans, die von den Lippen euch – verrat der Welt es nie! – geküßt sind allesamt. Adieu, adieu, chéri ...«

Die Zeiten sündiger Nächte im Hotel sind vorbei. Machen wir uns nichts vor, Mesdames et Messieures, die Erotik im Grandhotel lebte vom Verbot. Seitdem Madame Duvallier ungeniert mit Herrn Dupont anreist und der Portier dazu nicht einmal die Augenbraue hebt, fehlt der Reiz der Sünde. Unter Erotik im Hotel verstehen die Gäste heutzutage ein Hardcore-Video zum Einschlafen. Das einzige, was dann noch knistert, ist der Schnee auf dem Bildschirm.

Das darf nicht so weitergehen. Überall wird der Untergang des Abendlandes beklagt. Hier vor unser aller Augen findet er statt. Es liegt an uns selbst, daß nichts mehr kribbelt. Wir sollten umkehren, ehe es zu spät ist. Was kann reizvoller sein, als auf Reisen eine Aus-Zeit zu nehmen, eine begehrenswerte Person zu umwerben, zu verführen, zu erobern – oder neu zu erobern? Nicht jeder hat natürlich das Glück, von einer so umwerfenden Person, wie Madame Houpflé es ist, umgirrt zu werden, und auch nicht jede Diane findet ein so begehrenswertes Opfer wie den schönen Felix. Aber schließlich hat auch Michel genug Charme und Ausstrahlung, daß Marie oder Claire, oder Claire und Marie, zur blauen Stunde schwach werden. Ein bißchen Luxus spielt dabei eine nicht unwesentliche Rolle. Die Absteige im Bahnhofsviertel kommt meist nur bei sehr reichen oder sehr ausgeflippten Mitspielern gut an. Bei den anderen Gespielen oder Gespielinnen empfiehlt sich eher das Nobelhotel, Altbau bevorzugt. Jugendstil oder Belle Epoque? Auf jeden Fall etwas Plüsch und viel Seide, Kerzen und Spiegel.

Zum leicht dekadenten Ambiente paßt nur ein Getränk: Champagner. Und zum Champagner gehört Kaviar, Kaviar nicht zu knapp, auf geschreddertem Eis gelagert. Dazu noch ein paar erlesene Kleinigkeiten – vielleicht zarte Hühnerbeine oder etwas Perlhuhn, getrüffelte Gänseleber, pralle Langustenschwänze, roh marinierter Fisch, Wachteleier, frischer Spargel in Vinaigrette, ein Dutzend Austern, ganz nach Gusto. Dekorierte Früchte und Schalen mit feinstem Gebäck und ebensolchen Pralinen runden den kleinen Imbiß ab. Alles sollte bequem zu vernaschen – und zu verfüttern sein. Wenn dann der Champagner im Glas und in der Kehle prickelt: Ne pas déranger, s.v.p.

Lauwarmer Kaninchensalat

Die Leckereien für ein kaltes Büfett, wie beispielsweise Kaviar, Austern, Gänseleberpastete, Langustenschwänze und so weiter, bestellt man am besten bei einem sehr guten Delikatessengeschäft. Wer eigenhändig etwas zu dem Gelage beitragen möchte, wird mit folgendem Kaninchensalat brillieren.

Kaninchenfleisch in wenig Weißwein dämpfen, in mundgerechte Bissen zerteilen und vorsichtig mit Tomaten, Oliven, Pinienkernen und Kapern mischen.

Rucola auf dem Teller verteilen und die Fleischmischung darauf arrangieren.

Mit einer Marinade aus Balsamico, Olivenöl, Salz und Pfeffer überträufeln. Lauwarm servieren.

300 g Kaninchenfleisch
1 kleines Bündel Rucola
1 EL Pinienkerne
1 EL kleine schwarze Oliven
1 EL Kapern
2 kleine Tomaten, geschält und in Würfel geschnitten
Salz, Pfeffer, Balsamico-Essig
Olivenöl
trockener Weißwein

Champagnererdbeeren mit Topfenknödeln

250 g Erdbeeren
80 g Walderdbeeren (aus dem Feinkostladen)
Zucker
2 Glas Rosé-Champagner (Pol Roger oder Taittinger)

Knödel:
ca. 35 g Butter
3 Eigelb
125 g Magerquark
6 Scheiben geriebenes, trockenes Toastbrot ohne Rinde
80–100 g Zucker
1 Vanillestange
Zitronenschale, gerieben

Schmelze:
4 Scheiben getrocknetes Weißbrot ohne Rinde
80 g Butter
5 EL Zucker
1 Vanilleschote
½ TL Zimt
½ TL geriebene Zitronenschale

Die Erdbeeren waschen, putzen und mit dem Zucker 15 Minuten im Rosé-Champagner marinieren. Je nach Geschmack etwas Zucker zugeben.

Den Quark mit Eigelb, der schaumig gerührten Butter und dem Weißbrot verrühren. Mit Zucker, geriebener Vanillestange und geriebener Zitronenschale abschmecken. Aus der Masse Knödel formen.

Die Knödel im Zuckerwasser knapp unter dem Siedepunkt 20 Minuten garziehen lassen (nicht kochen!)

Auf kleiner Flamme eine Schmelze aus Butter, Zimt, Zucker, Vanillemark, Zitronenschale und geriebenem Weißbrot herstellen, die Knödel dazugeben und auf den marinierten Erdbeeren servieren.

Warmer Wein

John Updike
Heirate mich!

Für die überbeanspruchte Küste Connecticuts lag dieser Strand relativ einsam. Man erreichte ihn über eine nur notdürftig gewartete, schmale Asphaltstraße voller schilderloser Gabelungen, Windungen und Abzweigungen. An den meisten Stellen, an denen man sich für eine Richtung entscheiden mußte, wiesen kleine verwitterte Holzpfeile mit dem langen indianischen Namen des Strandes den Weg, aber einige dieser Schilder waren ins Gras gefallen, und als sich das Paar zum erstenmal hier verabredet hatte – an einem idyllischen, für die Jahreszeit ungewöhnlich milden Tag im März –, verfuhr Jerry sich und kam eine halbe Stunde zu spät.

Auch heute war Sally vor ihm angekommen. Er hatte noch eine Flasche Wein gekauft und vergeblich versucht, einen Korkenzieher zu erstehen. Ihr graphitgrauer Saab stand ganz allein an einer entlegenen Ecke des Parkplatzes. Er steuerte seinen Wagen, ein altes Mercury-Kabriolett, daneben und hoffte, sie wartend am Steuer vorzufinden, denn aus seinem Autoradio kam gerade »*Born to Lose*«, gesungen von Ray Charles.

Every dream
Has only brought me pain ...

Für ihn war sie in diesem Lied; er hatte sich sogar schon die Worte ausgedacht, mit denen er sie zu sich ins Auto rufen wollte, damit sie gemeinsam zuhören konnten: »He. Tag. Komm schnell und hör dir eine feine Platte an.« Er hatte sich im Umgang mit ihr eine halberwachsene Redeweise zugelegt, eine Mischung aus modischem Slang und der bedeutungsvollen Einsilbigkeit verliebter Teenager. Die Lieder im Radio waren für ihn voll neuer Bedeutung, wenn er zu einem ihrer Rendezvous fuhr. Er wollte sie gern mit ihr teilen, aber sie waren selten zusammen in einem Wagen, und mit jeder Woche, die in diesem Frühling verging, erstarben die Lieder im Äther wie Eintagsfliegen.

Ihr Saab war leer; Sally war nicht zu sehen. Sie mußte in den Dünen sein. Der Strand war von ungewöhnlicher Form: Ein Bogen flachen, ausgewaschenen Sandes, etwa eine halbe Meile lang, war an beiden Enden von Ansammlungen großer, gelblich gestreifter Felsen begrenzt, und oberhalb der näher gelegenen Felsengruppe erstreckte sich ein Dünengelände mit Gestrüpp und Wanderwegen, das wie ein riesiges, natürliches Hotel war mit Hunderten von abgeschlossenen Sandmulden. Dieses Reich aus Kuhlen und Hügelkämmen war irreführend vielfältig. Jedesmal konnten sie die genau richtige, die vollkommene Stelle, an der sie zuletzt gewesen waren, nicht wiederfinden.

Eilig stieg er die steile Düne hinauf, die vor ihm lag, ohne sich die Zeit zu nehmen, Schuhe und Strümpfe auszuziehen. Daß ihn die Anstrengung des schnellen Steigens zum Keuchen brachte, erschien ihm herrlich; er schmeckte darin seine wiedergekehrte Jugend, seine wiedergekehrte Lebensgier. Seit ihre Affäre begonnen hatte, war er ständig am Rennen, immer in Eile, schuf Zeit, wo vordem keine Zeit erforderlich gewesen war; er war ein Ahtlet der Uhr geworden, der vereinzelte Stunden zu einem beispiellosen, unerahnten zweiten Leben verknüpfte. Er hatte zu rauchen aufgehört; er wollte, daß seine Küsse rein schmeckten.

Jerry kam in das hohe Dünengelände und erschrak, denn weit und breit war nichts von ihr zu sehen. Niemand war zu sehen.

Außer ihren beiden standen kaum ein Dutzend Wagen verstreut auf dem großen Parkplatz. Noch ein Monat, und dieser Platz würde überfüllt sein, in dem nun vernagelten Umkleide- und Snack-Bar-Gebäude würde mit bronzenen Leibern und Kassettenmusik Leben einkehren, und die Dünen würden zu heiß sein, um darin zu lagern. Heute hatten die Dünen noch das Aussehen unberührter, reingefegter Natur, das ihnen der Winter hinterlassen hatte. Als sie nach ihm rief, klang es in der kühlen Luft klar wie das Flöten eines Vogels. »Jerry?« Es war eine Frage, obwohl sie, wenn sie ihn sehen konnte, doch wissen mußte, daß er es war. »Jerry? He?«

Er drehte sich um und sah sie nun auf einer Düne über sich, in ihrem gelben zweiteiligen Badeanzug; als sie herunterstieg, die Augen auf den Boden geheftet, um mit ihren bloßen Füßen nicht in den Strandhafer zu treten, kam sie ihm, blond und sommersprossig und aufgeräumt, wie ein scheues Geschöpf des Sandes vor, der sie verborgen hatte. An Armen und Bauch fühlte sie sich heiß an, auf dem gerundeten Rücken kühl. Sie hatte in der Sonne gelegen. Ihr herzförmiges Gesicht war rosig. »He? Bin froh, daß du da bist?« Sie schnaufte ein wenig, und ihre aufgeregte Stimme machte aus jedem Satz eine Frage. »Ich habe hier in der Düne gewartet mit einer entsetzlichen Horde brüllender und johlender Jungen ohne Hemden um mich herum; ich habe richtig Angst bekommen?«

Als schiebe er mit seiner Redeweise eine Verlegenheit vor sich her, die er nicht auszudrücken wußte, ließ er einen Augenblick lang den schnoddrigen Ton fallen und sagte, plötzlich ganz Kavalier: »Mein armes tapferes Fräulein. Welchen Gefahren ich dich aussetze. Tut mir leid, daß ich spät dran bin. Weißt du, ich mußte noch den Wein kaufen, und dann habe ich versucht, einen Korkenzieher zu bekommen, und diese totalen Idioten, diese Norman-Rockwell-Typen in so einem runtergekommenen Kramladen wollten mir statt dessen einen Bohrer verkaufen.«

»Einen Bohrer?«

»Ja. Eine Art Schraubstock ohne Klammer.«

»Du fühlst dich so kühl an.«

»Du hast in der Sonne gelegen. Wo hast du deine Sachen?«

»Da oben? Komm mit.«

Bevor er ihr folgte, kniete Jerry sich hin und zog Schuhe und Strümpfe aus. Er trug noch sein Büro-Jackett und seine Krawatte und hatte die Weinflasche in einem Papierbeutel, wie ein Pendler, der mit einem Geschenk nach Hause geht.

Sally hatte ihre rot-gelb-karierte Decke in einer großen Kuhle ausgebreitet, in der außer ihren eigenen keine Fußspuren zu sehen waren. Jerry hielt nach den Jungen Ausschau und entdeckte sie ein paar Dünen weiter. Sie beobachteten ihn nervös aus den Augenwinkeln – wie Möwen. Er blickte unerschrocken zu ihnen hinüber und murmelte Sally zu: »Die sind ganz jung und sehen harmlos aus. Aber möchtest du lieber weiter reingehen?«

Er fühlte ihr Nicken an seiner Schulter, eine Bewegung wie ein Wort, das nur sie aussprechen konnte, ein überaus schnelles, angespanntes Rücken ihres Kopfes – *ja ja ja ja*; in Situationen, die nichts mit ihr zu tun hatten, ertappte er sich dabei, daß er solche Manieriertheiten nachahmte. Er sammelte ihre Decke und ihre geflochtene Strandtasche und ihr Buch (von Moravia) auf und packte die Sachen in ihre warmen Arme. Als sie den Hang der nächsten Düne hinaufgingen, legte er die Hand stützend auf ihre bloße Taille und wandte sich noch einmal um, denn er wollte sich vergewissern, daß die Jungen diese besitzergreifende Geste wahrgenommen hatten. Verlegen zogen sie bereits johlend ab, in die andere Richtung.

Wie immer wanderten Jerry und Sally umher, verwilderte Pfade zwischen stachligen Beerensträuchern hinunter und Hänge hinauf, die sandig nachgaben; lachend vor Anstrengung, auf der Suche nach der idealen Stelle, der Stelle, an der sie das letzte Mal gewesen waren. Wie immer konnten sie die Stelle nicht wiederfinden und breiteten die Decke schließlich irgendwo aus, in einer sauberen Sandkuhle, die augenblicklich zum vollkommenen Aufenthalt wurde.

Er stellte sich vor sie hin und zog sich aus. Jackett, Krawatte, Hemd, Hose.

»Oh«, sagte sie, »du hast eine Badehose an.«

»Schon den ganzen verdammten Morgen«, sagte er, »und jedesmal, wenn mich die Schnur in den Bauch gekniffen hat, hab ich gedacht: ›Heute sehe ich Sally, ich sehe Sally und habe schon die Badehose an.‹«

Er genoß die Luft auf seiner Haut und blickte stehend umher; sie waren verborgen, konnten aber ihrerseits auf den Parkplatz hinuntersehen und auf die verwunschene Meeresbucht, die zwischen diesem Küstenstrich und Long Island gefangen war, und auf die schimmernden Schaumkronen der kleinen Wellen, die eilig heranrollten und sich geräuschlos an den gestreiften Felsen brachen.

»He?« sagte sie von der Decke. »Kommst du mich besuchen in deiner Badehose?«

Ja, ja, die Berührung von Haut, die Berührung ihrer ganzen Körper in der Luft, unter der Sonne. Die Sonne tauchte seine geschlossenen Augen in Rot; ihre Seite und die ihm zugekehrte Schulter erwärmten sich, und ihr Mund schmolz allmählich. Sie verspürten keine Eile; vielleicht war das der gewichtigste Beweis, daß sie, Jerry und Sally, der erste Mann und die erste Frau waren – sie verspürten keine Eile, sie erregten einander weniger, als daß sie dem Mann und der Frau in sich zur Ruhe verhalfen. Ihre Körper suchten sich auszudehnen mit der Bedächtigkeit wahren Wachstums und sich einander immer besser anzupassen. Ihr offenes Haar wehte ihm Strähne für Strähne ins Gesicht. Das Gefühl zu ruhen, im lang verheißenen Zentrum der Stille angekommen zu sein, erfüllte ihn wie eine Art von Schlaf, als sich seine Füße in die Wölbungen der ihren hineinspannten: »Das ist unglaublich«, sagte er. Um sie mit der Sonne zu verschmelzen, wandte er sein Gesicht nach oben; Rot durchflutete seine Lider.

Sie sprach mit den Lippen an seinem Hals, wo ein sandiger, kühler Schatten geblieben war. Er spürte dies, obwohl sie es wahrnahm. »Es ist es wert«, sagte sie, »das ist so überraschend daran. Es ist es wert, all das Warten, die Hindernisse, die Lügen und die Eile, und wenn man es dann erreicht, ist es das alles wert.« Ihre Stimme wurde zunehmend leiser, während sie dies aussprach.

Versuchsweise öffnete er die Augen und wurde geblendet von einem völlig festen Kreis, der kleiner war als der Mond. »Macht dir«, fragte er, während er die Lider über einem pulsenden violetten Echo zusammenklemmte, »das Leid etwas aus, das wir ihnen bereiten werden?«

Als hätte er eine Chemikalie fallen lassen, nahm die Bewegungslosigkeit ihres Körpers an dem seinen eine andere Qualität an. Ihre gewölbten Füße lösten sich von seinen. »He«, sagte sie. »Was ist mit dem Wein? Der wird sonst warm.« Sie rollte aus seinen Armen, setzte sich auf und strich sich das Haar aus dem Gesicht, blinzelte und schob mit der Zunge den Sand von ihren Lippen. »Ich habe Pappbecher mitgebracht, weil ich wußte, daß du daran nicht denken würdest.« Diese kleine, Besitzanspruch verratende Einsicht brachte ihre frisch geleckten Lippen zum Lächeln.

»Stimmt, und einen Korkenzieher hab ich auch nicht. Ich weiß eigentlich gar nicht, ob ich überhaupt etwas habe.«

»Du hast dich. Das ist mehr, als ich habe.«

»Nein, nein, du hast mich wohl.« Er wurde nervös und aktiv; er rutschte auf den Knien zu seinen zusammengefalteten Sachen hinüber und zog die Flasche aus dem Papierbeutel. Es war ein Rosé. »Jetzt muß ich etwas finden, wo ich sie aufschlagen kann.«

»Da drüben ist ein Stein.«

»Meinst du? Und wenn ich zum Schluß nur Scherben in der Hand hab?« Unter dem Vorwand plötzlicher Zaghaftigkeit wurde er wieder schnoddrig.

»Du mußt eben aufpassen«, sagte sie.

Er schlug den Flaschenhals leicht auf den kleinen Vorsprung aus gestreiftem braunem Gestein, und nichts geschah. Er schlug noch einmal, diesmal fester; es klirrte noch immer heil, und er spürte, wie er rot wurde. »Na, komm schon«, flehte er, »brich dir den Hals.«

Er schlug entschlossen zu; Splitter glitzerten vor seinen Augen, ehe er das Geräusch zerbrochenen Glases hörte; er warf einen erschrockenen Blick durch eine gezackte glänzende Öffnung, in die kleine, tiefe, zylindrische See schwappenden Weins hinab. Sie war auf den Knien zu ihm hingeglitten und machte »Mm« – eine Spur schockiert, wie er, Wein so zu sehen, so viel davon und ganz schutzlos in der vergewaltigten Flasche. »Sieht prima aus«, setzte sie hinzu.

»Wo sind die Becher?«

»Lassen wir doch die Becher.« Sie nahm ihm die gezackte Flasche ab, setzte sie geschickt an, legte den Kopf mit dem kleinen Gesicht nach hinten und trank. Sein Herz zuckte wie angesichts einer Gefahr, doch als sie die Flasche absetzte, sah ihr Gesicht zufrieden und unverletzt aus. »Ja«, sagte sie. »So schmeckt er wenigstens nicht nach Pappe. Schmeckt einfach nach Wein.«

»Zu schade, daß er warm ist«, sagte er.

»Nein«, sagte sie. »Warmer Wein ist gut.«

»Wahrscheinlich besser als nichts.«

»*Gut*, habe ich gesagt, Jerry. Warum glaubst du mir nie?«

»Hör mal. Ich glaube dir immer.« Er nahm die Flasche und machte es ihr nach; als er den Kopf zurücklegte, mischte sich das Rot des Weins mit dem der Sonne.

Sie schrie: »Du schneidest dir in die Nase!«

Er setzte die Flasche ab und zwinkerte sie an. »Der ist richtig«, sagte er von dem Wein.

Sie lächelte und sagte: »Du hast es geschafft.« Sie berührte den Rücken seiner Nase und zeigte ihm einen rosa Blutfleck auf ihrer weißen Fingerspitze. »Jedesmal wenn ich dir jetzt irgendwo normal begegne«, sagte sie, »werde ich den kleinen Schnitt auf deiner Nase sehen, und ich werde die einzige sein, die weiß, wo du ihn herhast.«

Sie gingen zurück zur Decke und tranken aus den Pappbechern. Dann tranken sie einander den Wein vom Mund; er schüttete ihr ein wenig davon auf den Nabel und leckte ihn auf. Nach einer Weile fragte er scheu: »Magst du mich in dir?«

»Ja? Sehr? Immer?« Ihre Stimme verwandelte wieder alles in Fragen.

»Es ist niemand in der Gegend, wir liegen wirklich ganz versteckt.«

»Dann schnell?«

Als er vor ihren Füßen kniete, um ihr das Unterteil des gelben Badeanzugs abzustreifen, fühlte er sich unversehens an Schuhverkäufer erinnert; als Kind hatte ihn das Schicksal dieser Männer bekümmert, die davon lebten, niederzuknien und an anderer Leute Füßen zu ziehen; und er hatte sich gewundert, daß sie sich dadurch anscheinend nicht erniedrigt fühlten.

Warmer Wein, noch dazu aus der abgeschlagenen Flasche und später aus dem Pappbecher; was für eine Barbarei! Ob das nun ein besserer Rosé war oder ein mieser Fusel, für Sally und Jerry wird der Geschmack des warmen Weines immer etwas Besonderes sein. Nicht nur Bilder werden als Erinnerung gespeichert, sondern selbstverständlich auch Geräusche, Tastempfindungen, Gerüche und Geschmack. Bei bestimmten Sinneseindrücken kommt es dann zu einem Déjà-vu-Erlebnis, dem nicht ganz erklärbaren Gefühl, etwas schon einmal erlebt zu haben. Kurt zum Beispiel bekommt diffuse Lustgefühle, wenn er Dosen-Ravioli ißt oder auch nur sieht; nicht etwa bei den delikaten Luxus-Teigtaschen beim Italiener, nein, nur bei Dosen-Ravioli, möglichst lauwarm. Vergraben in der untersten Schublade der Erinnerungen liegt der Grund seiner Lust am unwürdigen Objekt. In den 60er Jahren, in der Zeit seiner ersten sexuellen Tastversuche, als Herren- respektive Damenbesuche in Studentenzimmern nach zehn Uhr abends strengestens untersagt waren, gehörte es dazu, daß man heimlich mit dem ebenfalls verbotenen Esbit-Kocher Ravioli in der Dose erwärmte und dieselben genüßlich ausgabelte. Ein Häppchen für Kurti, ein Häppchen für Mausi, kleckern und ablecken obligatorisch. Mag sein, daß Mausi – nun eine reife Matrone – beim Geruch von Esbit unversehens in Hitze gerät. Das obskure Objekt jener undefinierbaren Begierde kann alles sein, was tief in der Erinnerung als lustvoll gespeichert ist.

Sally und Jerry könnten nach ihrem heißen Nachmittag in den Dünen allerdings auch eine unerklärliche Abneigung gegen Sandstrände entwickelt haben. In der Literatur sind Liebesstunden im Sand äußerst genußvoll, und auch im Film sieht es unglaublich animierend aus, wenn zum Beispiel eine symbolträchtige Woge über den Liebenden zusammenschlägt, wie es unvergessen in »Verdammt in alle Ewigkeit« geschehen ist. Wer allerdings je am Sandstrand seine Begierden nicht zu zügeln wußte oder gar Erfahrungen mit einer derartigen Welle und ihren sandigen Folgen in Badekostümen und Körperöffnungen gemacht hat, versteht, daß im Film gnädig abgeblendet wird.

Picknick zu zweit

Bei einem Picknick à deux sollte man sich nicht verzetteln. Etwas Fleisch, etwas Fisch, frisches Brot, zwei bis drei Sorten Käse, dazu gut temperierte Getränke: Das ist optimal.

Hähnchenschlegel mit Zitrone

4 frische Hähnchenschlegel
2 Zitronen
4 EL Olivenöl
Thymian
Salz, Pfeffer

Die Hähnchenteile mehrere Stunden in eine Marinade aus Zitronensaft, Olivenöl, Thymian, Salz und Pfeffer einlegen. Immer wieder umdrehen, damit die Marinade gut eindringen kann. Auf einem Blech im Backofen knusprig braten.

Matjes-Tatar

4 gut gewässerte Matjesfilets
1 EL Kapern
1 Schalotte
2 Cornichons
1 EL gehackten Dill
1 kleiner saurer Apfel

Die Filets zusammen mit den restlichen Zutaten mit dem Wiegemesser zu Tatar hacken und gekühlt servieren.

Bei einem Frühlingspicknick kann man als dekorative Unterlage ein paar Löwenzahnblätter nehmen.

Kein Picknick ohne Kartoffelsalat! Passend zu den Hähnchenschlegeln kann man die Kartoffelscheiben zur Abwechslung einmal mit Olivenöl, Weißweinessig und gehackten frischen Kräutern und ein paar Kapern anmachen.

Hummer mit gebratenem Blumenkohl

1 Hummer (in der Schale)
80 g (ca. 10–15 Röschen) geputzter Blumenkohl
Olivenöl
1 Zehe Knoblauch
40 g Salzbutter »demi-sel«
1 EL Blattpetersilie (gehackt)
Champagneressig
Saft einer halben Zitrone

Den Blumenkohl in möglichst kleine Röschen schneiden und in einer großen Pfanne mit Olivenöl bei mittlerer Hitze ca. 7 bis 10 Minuten goldgelb anbraten. Den gehackten Knoblauch zuletzt beigeben und nur kurz mitgaren, da er sonst schwarz und bitter wird.

Den Hummer 2 Minuten in kochendem Wasser garen, anschließend halbieren.

De halbierten und angekochten Hummer in die Pfanne geben und mit dem Blumenkohl weiter braten.

Nachdem der Hummer auf der Bauchseite leicht Farbe angenommen hat, auf den Rücken drehen und mit Zitronensaft und Champagneressig beträufeln.

Die Blumenkohlröschen mit Salz und Pfeffer würzen und mit gehackter Petersilie bestreuen.

Dieses Gericht kann warm oder kalt serviert werden.

Liebeskappe mit Seidenband

Djin Ping Meh
Schlehenblüten
in goldener Vase

Die sechste Wang brachte starken Tee mit reichlichen Zutaten wie Walnußkernen und doppelt eingesalzenen Bambussprossen. Als Simen Tjing getrunken hatte, nahm sie ihm die Tasse ab und ließ sich dann selbst auf der Kante des unteren Endes der Lagerstatt nieder. Er erkundigte sich eine Weile lang und breit über ihre häuslichen Angelegenheiten. Als er sie mit dem Teebrette hantieren sah, bemerkte er:

»Ihr müßtet noch ein Mädchen zur Hilfe haben.«

»Seit dem Fortgang unserer Tochter ist alles für mich recht unbequem, das muß ich offen zugeben«, sagte sie. »Es bleibt mir nichts übrig, als selbst Hand anzulegen.«

»Das ist leicht zu ändern«, wandte Simen Tjing ein. »Die alte Feng soll morgen für Euch eine dreizehn- bis vierzehnjährige Magd suchen, statt daß Ihr Euch die Füße so sinnlos vertretet.«

»Damit muß ich schon warten, bis der Mann zurück ist. Wir werden dann nicht umhin können, hier und dort etwas zusammenzukratzen, bis ich die alte Feng bitten kann, mir ein Kind zur Bedienung zu suchen.«

»Nicht nötig! Ich werde ihr geben, was es kosten soll.«

»Wie könnte ich anständigerweise Euch mit dieser Ausgabe behelligen! Wir haben Euch doch schon genug Mühe verursacht.«

Der gewandte Plauderton der sechsten Wang gefiel Simen Tjing sehr. Als nun die alte Feng hereinkam und den Tisch zurechtstellte, verhandelte er sofort mir ihr über den Kauf einer Magd.

»Wenn der Herr dir den Kauf zugesagt hat, so bedanke dich nur dafür«, bemerkte die alte Feng zur sechsten Wang. »Gevatterin Dschau im Südviertel hat ein dreizehnjähriges Kind. Sie will nur vier Unzen Silber haben. Die soll der Herr dir kaufen.«

Die sechste Wang erhob sich, trat etwas vor und bedankte sich unter tausendfachen Segenswünschen. Inzwischen wurden Speisen und Wein aufgetragen. Die sechste Wang schenkte einen Becher voll, reichte ihn mit beiden Händen Simen Tjing und wollte sich dann vor ihm aufs Antlitz werfen. Er zog sie aber rasch empor:

»Ihr habt doch schon vorhin die Begrüßungsbräuche erledigt. Nochmaliger Höflichkeitsbezeugungen bedarf es nicht. Die einfache Verneigung genügt doch.«

Sie aber murmelte lächelnd ihre Wünsche für zehntausendfachen Segen und ließ sich dann seitlich an einem kleinen Tische nieder. Mutter Feng trug aus der Küche die Speisen und Zutaten nacheinander auf, darunter auch zwei Teller flache Mehlpfannkuchen. Mit eigener Hand wählte nun die sechste Wang etwas feingeschnittenes Fleisch und Gemüse aus, rollte es in die flachen Mehlkuchen ein, legte diese Röllchen auf einen Teller und reichte ihn Simen Tjing. Beide tranken einander immer wieder zu. Daian weilte unterdessen in der Küche. Dort leistete ihm die alte Feng Gesellschaft, während er speiste, wobei jeder für sich saß.

Nach einigen Runden Wein rückte die sechste Wang ihren Schemel näher an Simen Tjing heran, um zu plaudern und ihm Wein zu reichen. Bald tranken beide aus einem Becher. Da niemand mehr hereinkam, schlang Simen Tjing seinen Arm um ihren Nacken und küßte sie. Sie faßte tastend nach unten und spielte mit Simen Tjings Nephritstengel. Als beider Brunst sich gesteigert hatte, hörten sie zu trinken auf, verriegelten die Stubentüre und entledigten sich ihrer Kleidung. Sie glitt auf das Ofenbett hinauf und breitete die Steppdecke aus. Die Sonne stand schon beinahe im Westen. Simen Tjing holte verzückt seine silberne Gliedstütze aus dem Behältnis. Sein Mannesding war gewaltig angeschwollen und stand senkrecht empor bis zu seiner Brust hinauf. Die Frau setzte sich ihm auf den Schoß, und beide umarmten und küßten sich mit heißer Leidenschaft. Dann hob sie ein Bein und führte mit der Hand sein Glied in ihre Lusthöhle. Beide hielten sich fest umschlungen. Simen Tjing betrachtete und betastete seine Partnerin: Weich und zart war ihre Haut, dicht und fest standen die Haare um ihre Scham. Dann ließ er sie sich auf den Rücken legen, hob mit beiden Händen ihre Schenkel empor, legte sie sich um seine Hüften und begann unter ihren Augen sein Spiel:

Wie durch ein scharfes Kommando erregt
ist das blaugrüne Lager.
Gier, als gelte es heldischen Kampf,
erfüllet die Decken.
Männliche Kraft sich erweist
auf korallenfarbigen Kissen.
Tapfer gerungen wird hinter
dem Eisvogelvorhang des Bettes.
Heftig atmet der Mann.
Hinein in die Tiefe der Höhle
drängt er den Speer. Es pocht
das Herz der Gegnerin rasend.
Aufgetan hat sich ihr Schlund,
als wollt' er den Speer verschlingen.
Während mit Doppelgeschütz er angreift
die Burg in den Höschen,
wendet sie her sich und hin und,
wogend aufwärts und abwärts,
nimmt im Triumphe gefangen
den Helden sie unter dem Nabel.
Aufwärts gereckt wie ein goldener Hahn
steht stramm er und reckt sich
an den Schenkeln empor,
ein Zeichen äußerster Tatkraft.
Sie aber ist wie ein Baum,
des Stamm dich über der Wurzel
ausgefüllt wird vom
kräftigen Dorn eines Rankengewächses. –
Nunmehr nach längerem Kampf

wird der Blick ihrer Augen verschwommen.
Nur noch wenig Bewegung;
dann folgt die Ruhe der Ohnmacht.
Doch wie lang auch gewährt das Gefecht,
zu gern möcht' er wieder
fassen den zarten Leib,
um hundertfältig von neuem
weiter zu kämpfen, wenn nicht
die Kräfte gänzlich versagten. –
Als wieder frei ist geworden
die haarumwachsene Grotte,
sind die Burg und der Stürmer
gemeinsam völlig durchnässet.
Immer noch zielt, trotz Entkräftung,
der Held im dunkelen Panzer
mit dem Speer nach dem Leibe,
der flieht, sein Leben zu retten.
Nur auf dem Rosse des Kriegers
ist wenig Salbe verblieben.
Doch wie getretener Schlamm so weich
ist das Fleisch schon geworden.
Was vorher angeheizt war,
eng anlag, trocken wie Schminke,
ist in kürzester Frist
nun völlig und gänzlich verkehret.
Vielfach in Stücke zerriß
der große Umhang. So reißen
hastig zwei Menschen herab die Blumen,
wenn sie verblüht sind.
Hin sind die Kräfte des Kopfs
mit der schwellend ihn stärkenden Hülle.
Und ermattet die Muskeln,
wie Blätter, die Sturmwind entführte.
Ganz verbeult ist der Helm aus Schwefel;
sich löste der Harnisch;
draus möcht' entkommen der Held;
doch er kann den Ausgang nicht finden.
Immer gerüstet mit silbernem Küraß
behauptet der Feldherr
ungebrochenen Muts
das alte Feldlager weiter.

Nunmehr war es so gekommen:

Traurige Wolken tragen
stützend den neunfachen Himmel;
drunten am Boden, geschlagen,
wälzt sich des Heeres Gewimmel.

Djin Ping Meh, der chinesische Roman aus der Ming-Zeit, umfaßt fünf dicke Bände plus Kommentarband. Eine umfassendere Sittengeschichte über einen Zeitabschnitt gibt es wohl nirgends sonst. Berühmt allerdings wurde der Roman durch seine »Stellen«, die in verkürzten Ausgaben überproportional vertreten sind. Neben lustvollen Anregungen für den Eigengebrauch bringt die Beschreibung des Sexuallebens von Simen Tjing und seinen Frauen auch sehr interessante Einblicke in die phantasievolle und poetische Umschreibung sexueller Techniken und der einschlägigen Organe. Von exotischem Reiz sind insbesondere die sogenannten Wollustgerätschaften, die der Liebhaber von Stand offensichtlich immer mit sich führte.

Eine silberne Stütze, einen Reif aus Schwefel, eine Liebeskappe, ein weißes Seidenband, das mit einer zauberkräftigen Medizin getränkt war, einen Jadering, Nabelsalbe und »Glöckchen aus Burma« holte Simen Tjing aus seinem Batistsäckchen. Bei den besagten Glöckchen handelte es sich vermutlich nicht um wirkliche Glöckchen; in China nennt man Aphrodisiaka und Ähnliches allegorisch »Glöckchen aus Burma«, darunter fallen auch Geräte zur weiblichen Selbstbefriedigung. Der weibliche Schoß wiederum wird als Jadepforte, manchmal auch als Rachen des Tigers bezeichnet oder als Eingang des Heiligtums; Penissalbe nannte sich »holder Duft für Frauengemächer«; mit seinem Nephritstengel kitzelte Simen Tjing das kleine Hühnerzünglein der sechsten Wang. Welch eine Sprache! Und heute? Ein Kondom heißt schlicht Kondom, vielleicht noch Gagkondom, wenn es etwas aus dem Rahmen fällt, zum Beispiel einen »Stimulations-Rüssel« hat. Eine Gleitcreme hat den unglaublich phantasievollen Namen »flutschi«, »Ero-Sexin« heißen Tropfen, die angeblich die Potenz steigern können. Die gute alte »Spanische Fliege« – in Tropfenform – gibt es auch noch. Daß ein sogenannter Reiz-Ring den Namen »Liebes-Glück« trägt, ist schon die Höhe der Sprachkunst. »Lick-it« gibt es in vier Duft- und Geschmacksrichtungen und ist, man wird es kaum erraten, ein Aroma-Gleitmittel. Wo ist die Poesie geblieben?

In China huldigte man den »Sechs Begehrlichkeiten«, welche sind: die lüsternen Blicke der Augen, das Hinhorchen des Ohres auf betörende Geräusche, die Gier der Zunge nach Küchenleckerbissen, das Wittern der Nase nach erregenden Düften, der Aufruhr der Gefühlswelt und die Hingegebenheit an Augenblicksgedanken. Aber wie, oh Ihr Liebesgötter aller Völker und Zeiten, sollte man sich lustvoll den »Sechs Begehrlichkeiten« hingeben, wenn alles so direkt und profan geworden ist?

Chinesischer Pfannkuchen

ca. 1/8 l warmes Wasser
250 g Mehl
Salz, Pfeffer
Öl
evtl. Sesamöl

Warmes Wasser und Mehl verrühren und kneten. Teig zugedeckt 20 Minuten ruhen lassen. Zu einer Rolle formen, in fünf bis sechs Teile schneiden.

Die Stücke dünn zu runden Fladen ausrollen und mit Öl bepinseln. Salz und Pfeffer darüberstreuen.

Die Teigplatten zusammenrollen, miteinander verdrehen und noch einmal kneten.

Wieder zu runden Fladen in der gewünschten Größe ausrollen und mit Öl in der Pfanne herausbraten.

Ein besonderes Aroma bekommen die Pfannkuchen, wenn man dem Backöl etwas Sesamöl beimischt.

In die fertigen Pfannkuchen rollt man vorbereitete Fleisch-, Meeresfrüchte- oder Gemüsespezialitäten ein, beispielsweise: rasch gebratene Rind- oder Schweinefleischstreifen, die mit scharfer Chilisauce gewürzt werden, oder Krabben mit feinen Lauchstreifen in Öl gebraten oder auch verschiedene feine Gemüsestreifen, die ebenfalls kurz in der sehr heißen Pfanne gebraten werden. Der Phantasie sind dabei keine Grenzen gesetzt.

Die Pfannkuchenrollen ißt man aus der Hand.

Chinesisches Menu

Die Vorspeise

Ochsenschwanzbrühe mit Ginseng und Gau Wong Wan Tan

1 kg geputzter Ochsenschwanz
Wurzelgemüse (Lauch, Sellerie Karotten, gebräunte Zwiebeln in Würfeln)
15 g getrocknete Ginseng-Scheiben
8 Wan-Tan-Blätter
80 g Gau Wong, geschnitten (ersatzweise Frühlingszwiebeln)
40 g Mangold- oder Wirsingblätter, blanchiert und geschnitten
1 EL Cashewnüsse, geröstet und grob gehackt
Salz, Pfeffer aus der Mühle
Muskat

Garnitur:
1 EL gekochte Perlgraupen
2 EL blanchierte Gemüserauten

Den in Scheiben geschnittenen Ochsenschwanz mit kaltem Wasser bedecken und zum Kochen bringen. Nach dem Aufkochen die sich absetzenden Eiweiß-Trübstoffe mit einer Kelle abschöpfen. Die geputzten Gemüse und den Ginseng zufügen und etwa 2 bis 2,5 Stunden leicht köcheln lassen.

In der Zwischenzeit die Wan Tan vorbereiten: Für die Füllung den geschnittenen Gau Wong, den Mangold oder Wirsing und die gehackten Cashewnüsse in einer Schüssel vermengen. Die Masse würzen und gleichmäßig auf 8 Wan Tan-Blätter verteilen. Den Teig über die Ecken einrollen und an beiden Enden zudrehen.

Die Wan Tan in Salzwasser zwei Minuten kochen.

Die Brühe passieren und nach Geschmack würzen.

Die Ochsenschwanzscheiben vom Knochen lösen, das Fleisch in Würfel schneiden und mit Wan Tan, den gekochten Perlgraupen und den Gemüserauten (hierfür bieten sich Karotten, Lauch, Sellerie o.ä. an – erst in dünne Scheiben, daraus dann Rauten schneiden) als Einlage in der Suppe servieren.

Der Zwischengang

Streifen von der Dorade Royale mit Gemüsefrühlingsrollen und Topinamburpüree

2 Dorade Royale (ca. 800 g)
Olivenöl

Topinamburpüree:
200 g Topinambur (Erdartischocken)
1 dl Sahne, 1 EL Butter

Frühlingsrollen:
10 Stk. Frühlingsrollenteig (tiefgefroren)
100 g Spinat, gekocht und gehackt
40 g Pinienkerne, geröstet
ca. 40 g Weißbrotcroûtons (aus etwa 2 Scheiben Toast)
60 g Würfel von abgezogenen und entkernten Tomaten (aus 1–2 Tomaten)
60 g gekochte Artischockenwürfel
1 zerdrückte Knoblauchzehe

Sauce:
2 dl Kalbsjus
4 cl Noilly Prat
2 cl Weißwein
100 g Schalotten, grob gehackt
80 g Butter
200 g Fischgräten
Salz, Pfeffer aus der Mühle

Garnitur:
½ TL roter Pfeffer
Topinamburchips (hauchdünne, in heißem Fett ausgebackene Topinamburscheiben)
geröstete Pinienkerne

Die Doraden schuppen, filieren (Gräten für die Sauce zurücklegen) und jedes Filet in 5 gleichgroße Streifen schneiden.

Für die Sauce die Fischgräten und Schalotten in Butter anschwitzen, mit Weißwein und Noilly Prat ablöschen und etwas reduzieren.

Die Kalbsjus hinzufügen, etwa 20 Minuten leicht köcheln lassen, passieren und zu sämiger Konsistenz einkochen.

Den geschälten Topinambur in Butter anschwitzen, mit Sahne ablöschen und weich dünsten. Anschließend mit Hilfe eines Mixstabes pürieren und abschmecken.

Für die Frühlingsrollen alle Zutaten der Füllung vermengen, würzen, gleichmäßig auf die Blätter verteilen und einrollen.

Die Frühlingsrollen im tiefen Fett goldgelb ausbacken und warmstellen.

Die Doradestreifen würzen, in Olivenöl braten, mit den Frühlingsrollen, dem Topinamburpüree und der Sauce anrichten.

Das Gericht mit Topinamburchips, rotem Pfeffer und Pinienkernen garnieren.

Barbecue-Entenstrudel auf braisiertem Chinakohl und Strohpilzen

Die Zutaten für die Marinade mischen, damit die Ente füllen und 3 Stunden stehenlassen.

Die Ente in kochendem Wasser blanchieren, mit der Glasur einpinseln und zum Trocknen aufhängen.

Die vorbereitete Ente im auf 200 Grad vorgeheizten Backofen ca. 45 Minuten garen.

Anschließend das Geflügel auslösen, das Fleisch in Streifen schneiden und mit Frühlingszwiebeln im heißen Wok (ohne Fett) anschwitzen.

Das angebratene Fleisch mit Hoisinsauce und Entenjus ablöschen, die Sauce zur gewünschten Konsistenz einkochen.

4 Filoblätter ausbreiten, mit geklärter Butter bestreichen und schichtweise die restlichen Blätter darüberlegen, andrücken und rund ausstechen.

Auf die ausgestochenen Filoblätter die ausgekühlte Entenfüllung gleichmäßig verteilen, zu kleinen Beuteln formen und im vorgeheizten Ofen bei 200 Grad ca. 10 Minuten backen.

In der Zwischenzeit den geschnittenen Chinakohl mit den Karotten- und Ingwerwürfelchen in Butter weich dünsten. Die Bohnen kurz in kochendes Wasser geben, in Eiswasser abschrecken und die halben Strohpilze in leicht gebräunter Butter anschwitzen.

Den Entenstrudel auf den Gemüsen anrichten und mit etwas Hoisinsauce servieren.

1 küchenfertige Ente
(etwa 1600 g)

Marinade:
5-Gewürze-Mischung (erhältlich im Asien-Food-Markt)
Sternanis, Zucker
Ingwer, Schalotten, Knoblauch

Glasur:
Reisessig
Wasser
brauner Rohrzucker

Strudel:
16 Blatt Filoteig
40 g geklärte Butter (Butter auf kleiner Flamme erhitzen, Molke abschöpfen)

Entenfüllung:
4 cl Entenjus
100 g Hoisinsauce (Asien-Laden)
2 Frühlingszwiebeln

Gemüse:
120 g Chinakohl
80 g Bohnen
80 g Strohpilze
2 EL Ingwer, in sehr kleine Würfel geschnitten
20 g Butter (Walnußgröße)
40 g Hoisinsauce
Salz, Pfeffer aus der Mühle

Das Dessert

Mandarinenmousse mit Lycheekompott und gebackenen Glasnudeln

Mandarinenmousse:
50 ml Schlagsahne
50 ml Milch
50 g Zucker
80 ml Mandarinensaft
2 Eigelb
2 ½ Blatt Gelatine
200 g geschlagene Sahne

Lycheekompott:
200 g Lychees
(Bei Verwendung von Dosenfrüchten die Zuckermenge reduzieren, da die Früchte in Sirup eingelegt sind.)
100 ml Mandarinensaft
100 g Zucker
1 TL Maisstärke

Garnitur:
gebackene Glasnudeln
frische Minzeblätter
Puderzucker

Die flüssige Sahne, Milch und Mandarinensaft mit der Hälfte des Zuckers aufkochen. In der Zwischenzeit den restlichen Zucker mit den Eigelben schaumig schlagen. Die Gelatine in Wasser einweichen.

Die heiße Mischung aus Sahne, Milch und Saft mit der Eigelb-Zucker-Masse verrühren und im selben Topf weiter erwärmen, bis es »zur Rose abzieht«. (Sie nehmen einen Kochlöffel, tauchen diesen in die Sauce und pusten dann über die Schöpffläche; wenn sich hierbei eine »Rose« bildet, ist der gewünschte Zustand erreicht. Den Topf dann sofort von der Kochfläche nehmen, sonst kann die Sauce gerinnen!)

Die eingeweichte, ausgedrückte Gelatine dazugeben, alles durch ein feines Sieb passieren und auf 18 Grad (kühle Zimmertemperatur) abkühlen.

Die geschlagene Sahne unter die Masse heben, in Formen abfüllen und abgedeckt für mind. 3 Stunden im Kühlschrank ruhen lassen.

In der Zwischenzeit Mandarinensaft, Zucker und Stärke mischen und zum Kochen bringen, bis es leicht bindet. Die geschälten und halbierten Lychees dazugeben und ziehen lassen.

Die gekühlte Mousse auf kalte Teller stürzen, mit Lycheekompott umgeben und zuletzt mit ausgebackenen Glasnudeln garnieren. Zur weiteren Dekoration Minzeblätter auflegen und mit Puderzucker abstauben.

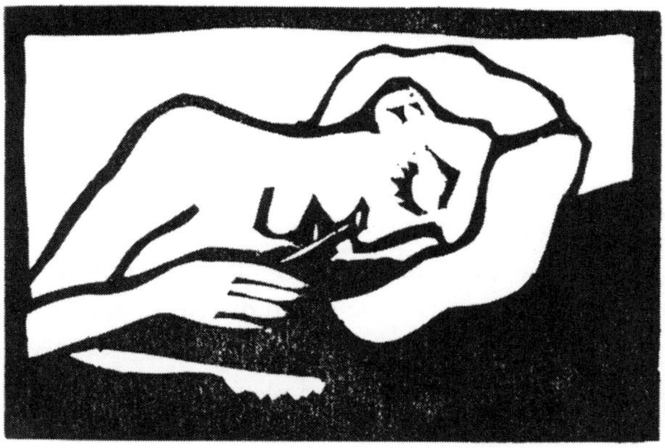

Junges Gemüse

Manuel Vázquez Montalbán
Tahiti liegt bei Barcelona

Nackt tauchte sie aus dem Meer der Nacht auf. Mit unentschlossenen, fahrigen Bewegungen strich sie sich die Haare hinter die Ohren, griff dann nach ihrer Tasche, suchte und fand darin ein zusammengefaltetes Papiertaschentuch und ein Spiegelchen. Ohne ihn anzublicken, streckte sie ihm die Hand hin, als wolle sie ihm etwas geben oder ihn um etwas bitten. Dann verließ sie das Zimmer auf Zehenspitzen, als fürchte sie, in offene Rasierklingen oder auf glühende Kohlen zu treten, und kam mit einem Messer zurück. Carvalho zog das Bettuch über seine Hüften, und das Mädchen setzte sich an den Tisch neben dem Bett, der mit Zeitschriften und anderen liegengebliebenen Dingen bedeckt war. Sie machte Platz, legte den Spiegel hin, als vollziehe sie eine heilige Handlung, öffnete dann langsam das gefaltete Papiertaschentuch und entnahm ihm etwas, das wie ein winziges Stück Kreide aussah. Sie schnitt das Kokain mit dem Messer so lange klein, bis es auf dem Spiegel zu Pulver geworden war.

»Hast du einen Strohhalm?«

»Nein.«

»Einen Kugelschreiber?«

Ohne die Antwort abzuwarten, begann sie, in ihrer eigenen Tasche zu wühlen, und entnahm ihr einen billigen, durchsichtigen Plastikkugelschreiber. Sie nahm die Mine heraus, legte die Hülse neben den Spiegel und rannte dann zum Bett, wo sie Carvalhos Hand nahm und ihn lächelnd unter seinem Laken hervorzog. Carvalho saß plötzlich neben ihr am Tisch unter dem Lichtkegel einer Lampe, die auf den Spiegel mit dem aufgehäuften Koks gerichtet war. Yes hielt sich mit dem Finger ein Nasenloch zu und steckte die Kugelschreiberhülse ins andere, um zu schnupfen. Dann reichte sie das Ding Carvalho. Als dieser ablehnte, lächelte sie ein wenig und nahm noch eine Prise. Carvalho holte sich eine Flasche Wein und ein Glas. Er trank, während sie mit ernster Kennermiene ihr weißes Pulverhäufchen aufschnupfte.

»Nimmst du das oft?«

»Nein, es ist sehr teuer. Willst du? Ich habe noch ein wenig davon.«

»Ich habe meinen eigenen Stoff.«

»Gib mir einen Schluck Wein.«

»Das wird dir nicht guttun.«

Sie schloß die Augen und lächelte, als hätte sie einen schönen Traum. Dann nahm sie Carvalhos Hände und zog ihn hoch, bis er auf den Füßen stand, strich mit den Rundungen ihres Körpers über die Haut des überraschten Mannes, rieb ihre Wange an seiner Schulter, seiner Brust, dann an seinem Gesicht und seinem ganzen Körper, während ihre Hände seinen Rücken liebkosten. Carvalho zwang sich dazu, sie zu begehren, und sie ging mit drogenbestimmtem Gehorsam auf jeden seiner erotischen Wünsche ein. Sie küßte seinen Mund mit Genuß, ging dann tiefer, folgte mit den Lippen den Linien seiner Brust und ließ sich von Carvalhos leichtem Druck den Bauch hinab bis zu seinem Penis leiten. Auf den kleinsten Wink von ihm wechselte sie die Stellung, jeder Widerstand und jede Leidenschaft waren besiegt, ihre Haut und ihr Wille waren Instrumente in seiner Hand. Sie liebten sich vollkommen entrückt, und erst als sie die Decke wieder wahrnahmen, schien sie aus ihrem Traum zu erwachen, um Carvalhos Hand an sich zu reißen und ihm zu beteuern, sie liebe ihn und wolle nicht fortgehen. Carvalho fühlte sich in ihrer Schuld, und das gefiel ihm gar nicht.

»Mußt du jedesmal Drogen nehmen, wenn du mit jemand schläfst?«

»Mit dir fühle ich mich sehr wohl. Du nimmst mir die Angst. Ich habe immer Angst davor. Mit dir hat es mir keine Angst gemacht.«

Carvalho drehte sie herum, beugte sie nieder, bis sie sich auf alle viere niederlassen mußte, und schickte sich an, sie von hinten zu nehmen. Kein Wort des Protests kam über ihre Lippen, die jetzt unter den weichen, besiegten Haaren verborgen waren. Carvalho schlang die Arme um ihre biegsame Taille, und während er den Kopf auf ihre Schulter sinken ließ, fühlte er, wie seine dumpfe Wut verrauchte.

»Tu es, wenn du willst. Es macht mir nichts aus.«

Carvalho sprang aus dem Bett, holte die Zigarrenkiste aus dem Nachtschränkchen und zündete sich eine »Condal Nr. 6« an. Dann setzte er sich auf den Bettrand und schaute dem langsamen Rückzug seines Penis zu.

»Adiós, mein Junge, Gefährte meines Lebens ...«

Er wandte sich nach ihr um, weil sie so still war. Sie schlief. Er deckte sich mit dem Laken und einem Umhang zu. Dann zog er seinen Pyjama wieder an, ging aus dem Zimmer, kam zurück, um die Mahler-Platte umzudrehen, fachte das Kaminfeuer wieder an und ließ sich auf das Sofa fallen. In einer Hand hielt er die Zigarre, der Wein stand in Reichweite der anderen. Bleda schlief neben dem Feuer, wie das unschuldigste Tier der Welt, und Yes schlief in dem Zimmer, dem Ort der schweigsamen Einsamkeit eines Mannes, der die Tage, die Jahre verbrennt wie unentrinnbare, unangenehme Laster. Plötzlich sprang er vom Sofa auf, Bleda erwachte und richtete ihre Augen und Ohren voller Neugier auf Carvalho, der in die Küche stürzte, als hätte er dort einen Einbrecher gehört. Seine Hände vervielfachten sich, um mit den zahlreichen Türen und Schubladen fertig zu werden, und ließen auf der Marmorplatte ein ganzes Heer von Zutaten aufmarschieren. Er schnitt drei Auberginen in zentimeterdicke Scheiben und salzté sie ein. Dann gab er Öl und eine Knoblauchzehe in die Pfanne und ließ sie bräunen, bis sie fast kroß war. In demselben Öl zerdrückte er ein paar Scampiköpfe, schälte die Schwänze und schnitt Schinken in Würfel. Dann nahm er die Köpfe wieder aus dem Öl und brachte sie in etwas Fleischbrühe zum Kochen. Nebenbei spülte er das Salz von den Auberginenscheiben, trocknete sie einzeln mit einem Tuch ab und briet sie in dem Öl, das das Aroma des Knoblauchs und der Scampiköpfe aufgenommen hatte, und ließ sie dann in einem Sieb abtropfen. Im gleichen Öl ließ er schließlich eine gehackte Zwiebel bräunen, gab einen Löffel Mehl dazu und rührte mit Milch und der Brühe von den Scampiköpfen eine Béchamel an. Die Auberginen schichtete er in eine Backform, goß einen Regen von Scampischwänzen und Schinkenwürfeln darüber aus und badete alles in der Béchamelsoße. Von seinen Fingern schneite der geriebene Käse auf das bräunliche Weiß der Béchamelsoße nieder. Dann schob er die Form zum Überbacken in den Ofen, fegte den Küchentisch leer, legte zwei Gedecke auf und stellte eine Flasche weißen Jumilla dazu, den er dem Wandschrank neben dem Herd entnommen hatte. Er kehrte ins Zimmer zurück. Yes hatte sich im Schlaf zur Wand gedreht und ihren Rücken entblößt. Carvalho rüttelte sie wach, ließ sie aufstehen, legte den Arm um sie und führte sie in die Küche. Dort setzte er sie vor einen Teller, den er mit überbackenen Auberginen, Scampi und Schinken füllte.

»Ich gebe zu, es ist sehr unorthodox. Normalerweise macht man eine chemisch reine Béchamel dazu, und es schmeckt weniger nach Scampi. Aber ich habe einen ganz besonderen Gaumen.«

Yes blickte schlaftrunken erst zu Carvalho und dann auf ihren Teller, ohne sich zu einem Kommentar zu entschließen. Sie schob die Gabel in das Gericht und zog sie mit brauner, dampfender Masse gefüllt wieder heraus, führte sie zum Mund und kaute nachdenklich.

»Schmeckt toll. Ist das aus der Büchse?«

Pepe Carvalho, der alternde Detektiv von Manuel Vázquez Montalbáns Gnaden, würde sich, vor die Wahl gestellt: Sex oder Schlemmen, immer für das Essen entscheiden. Noch besser ist es natürlich, wenn er die Befriedigung beider Ur-Begierden verbinden kann. Ein bekokstes Girlie ist eigentlich nicht ganz sein Geschmack, aber wenn es der Job verlangt, bringt er schon einmal ein Opfer.

Wenn ein Partner Koks inhaliert hat, der andere aber seine Reaktionen nur beobachtet und ausnützt, ist das mehr oder weniger unfair und außerdem rausgeschmissenes Geld. Angeblich kann man mit dem weißen Pulver und etwas Phantasie zu zweit viel angenehmere Dinge treiben. Vor allen Dingen äußerlich angewendet, soll es faszinierende Gefühle erzeugen. Kokain gilt weniger als allgemeines Aphrodisiakum, sondern vielmehr als Potenzmittel. »O Nacht! Ich nahm schon Kokain, / Und Blutverteilung ist im Gange. / Das Haar wird grau, die Jahre flieh'n, / Ich muß, ich muß im Überschwange / Noch einmal vorm Vergängnis blühn.« So bedichtete Gottfried Benn sein präseniles Problem. Bei ausgebufften Drogenkennern rangiert Koks als Aphrodisiakum eher unter »ferner liefen«. Da läßt sich mit Hanf schon mehr anstellen. Nach einer nepalesischen Legende entdeckte keine Geringere als Parvati, die Gemahlin von Shiva, die erregende Wirkung der Pflanze. Shiva pflegte sich außerehelich mit allen möglichen himmlischen Schlampen rumzutreiben, sehr zum Ärger Parvatis. Sie suchte ein Mittel dagegen und probierte es mit den weiblichen Blüten von Hanf, die sie Shiva zu rauchen gab. Shiva fuhr voll drauf ab, und »in göttlicher Seligkeit vereinigten sich die beiden«. Von da an blieb der göttliche Herumtreiber bei seiner Gemahlin. Auch im indischen Tantrismus spielt Cannabis eine wahrhaft tragende Rolle: Es soll die sinnlichen Empfindungen und Phantasien steigern und den Samenerguß hinauszögern, was für die tantrischen Praktiken von großer Bedeutung ist. In Persien, China, Rußland, Mexiko und sogar in Germanien, wo die Pflanze der Liebesgöttin Freya geweiht war, benutzte man Hanf zur Steigerung des körperlichen Vergnügens. Verstärkt wird die Wirkung von Hanf, wenn man ihn mit Stechapfel kombiniert. Diese Mischungen symbolisieren in einigen Gegenden Indiens die Vereinigung von Mann und Frau. Bei zu hoher Dosierung oder falscher Zusammensetzung wird die Sache allerdings recht unerotisch gefährlich ...

Auberginen mit Scampi

1 kg Auberginen
½ kg Scampi
100 g gekochter Schicken am Stück
2 Eßlöffel Mehl
1 Knoblauchzehe
Olivenöl, Salz, Pfeffer, Milch
geriebener Käse

Das Öl erhitzen und die Knoblauchzehe darin anbraten. Die Zehe herausnehmen und die Scampiköpfe darin braten, bis sie kroß sind.

Die Auberginen schälen, in Scheiben, schmale, zentimeterbreite Streifen oder Würfelchen schneiden. Salzen, Flüssigkeit austreten lassen, abspülen und abtrocknen.

Mit Mehl bestäuben und in dem mit Knoblauch und Scampiköpfen aromatisierten Öl anbraten. Herausnehmen und das Öl abtropfen lassen.

Im restlichen Öl eine Béchamel aus Mehl, etwas Scampisud und etwas Milch anrühren. Mit Pfeffer würzen. Auberginen, geschälte Scampi und gewürfelten Schinken in eine Backform geben, die Béchamel darüber gießen, mit geriebenem Käse bestreuen und gratinieren.

(Rezept aus »Tahiti liegt bei Barcelona« von Manuel Vázquez Montalbán.)

Wachteln in Rosenblättern

Laura Esquivel
Bittersüße
Schokolade

Als man sich zu Tisch setzte, war die Stimmung noch gerade erträglich bis zu dem Moment, als die Wachteln aufgetragen wurden. Pedro, der sich nicht damit begnügte, die Eifersucht seiner Frau provoziert zu haben, schloß beim ersten Happen verzückt die Augen und rief aus:

»Dies ist eine geradezu himmlische Köstlichkeit!«

Mama Elena, die zwar bei sich anerkennen mußte, daß dieses Gericht meisterhaft gelungen war, mißbilligte gleichwohl den soeben geäußerten Kommentar und versetzte:

»Es ist versalzen.«

Rosaura gab prompt vor, ihr sei übel und schwindelig, und aß nicht mehr als drei Bissen. Mit Gertrudis hingegen ging etwas Seltsames vor.

Offensichtlich entfaltete diese Speise bei ihr, noch während des Verzehrs, eine aphrodisische Wirkung, denn sie begann zu spüren, wie eine starke Hitze an der Innenseite ihrer Schenkel aufstieg. Ein Kitzeln in der Leibesmitte hinderte sie immer eindringlicher daran, sittsam auf ihrem Stuhl sitzen zu bleiben. Sie fing an zu schwitzen und konnte sich der Vorstellung kaum noch erwehren, sie säße rittlings auf einem Pferd, in den Armen eines Villa-Anhängers, den sie eine Woche zuvor beim Einmarsch auf dem Dorfplatz entdeckt hatte, vom Geruch nach Schweiß und Erde, nach gefahrenumwitterten und ungewissen Morgenden, nach Leben und Tod umgeben. Gemeinsam mit Chencha, der Magd, war sie auf dem Weg zum Markt gewesen, als sie ihn über die Hauptstraße aus der Richtung von Piedras Negras her nahen sah. Er hatte augenscheinlich als Hauptmann des Trupps die Soldaten angeführt. Ihre Blicke hatten sich gekreuzt, und was sie in seinen Augen zu lesen vermeinte, hatte sie erschaudern lassen. Viele gemeinsame Nächte am Lagerfeuer hatte sie dort gesehen, in denen er sich nach einer Frau sehnte, die er küssen, nach einer Frau, die er in die Arme schließen würde, einer Frau ... wie sie. Sie zog ihr Taschentuch hervor und machte Anstrengungen, sich mit den Schweißtropfen auch alle sündigen Gedanken aus dem Kopf zu wischen.

Doch es war zwecklos, etwas schier Unerklärliches ging in ihr vor. Hilfesuchend blickte sie zu Tita, doch diese war abwesend, ihr Körper saß zwar auf dem Stuhl, und das in völlig korrekter Haltung, doch ihre Augen ließen kein Lebenszeichen erkennen. Es machte tatsächlich den Eindruck, als habe ihr Geist sich durch irgendeinen mysteriösen Vorgang der Alchimie in der Rosenblütensauce, in den Wachteln, im Wein und in jedem einzelnen der Düfte dieser Speise aufgelöst. Auf diese Weise drang sie in Pedros Körper ein, wollüstig, aromatisch, wohlig erhitzt und voller Sinnenlust.

Man mochte meinen, sie habe einen neuen Code zur geheimen Verständigung entdeckt, bei dem Tita als Sender wirkte, Pedro als Empfänger und Gertrudis als glückliche Nutznießerin jenes wundersamen Geschlechtsaktes, der sich über das Essen vollzog.

Pedro widersetzte sich nicht, ja er ließ Tita bis in den letzten Winkel seines Seins eindringen, ohne daß sie den Blick voneinander wenden konnten. Da entfuhr ihm die Bemerkung:

»Nie zuvor habe ich etwas derart Erlesenes kosten dürfen, ich danke Ihnen.«

In der Tat ist dieses Gericht eine besondere Delikatesse. Die Rosen verleihen dem Geflügel ein höchst spezielles, subtiles Aroma.

Sobald die Blütenblätter entfernt sind, zerreibt man sie gemeinsam mit dem Anis im Mörser. Dann röstet man die Kastanien einzeln auf dem Comal, schält sie und kocht sie in Wasser weich. Danach werden sie püriert. Der Knoblauch wird ganz fein gehackt und in Butter gedünstet, bis er goldbraun ist. Man fügt das Kastanienmus, den Honig, die zerkleinerte Pita-Frucht, die Rosenblätter und Salz nach Geschmack hinzu. Damit die Sauce sämiger wird, kann man zwei Löffel Maisstärke untermischen. Zum Schluß gibt man alles durch ein Sieb, schmeckt mit höchstens zwei Tropfen Rosenwasser ab, um eine zu intensive Wirkung zu vermeiden, und nimmt es vom Feuer. Die Wachteln dürfen nicht mehr als zehn Minuten darin ziehen, damit sie nur eben einen Hauch dieses Aromas annehmen, und dann holt man sie wieder heraus.

Die Rosenblätter haben eine so durchdringende Wirkung, daß dem Mörser, den man zum Mahlen der Blätter benutzt hat, noch tagelang ihr Parfum anhaftet.

Für den Abwasch des Mörsers samt aller anderen schmutzigen Küchengeräte war eigentlich Gertrudis verantwortlich. Diese Arbeit verrichtete sie normalerweise nach der Mahlzeit im Patio, wo sie gleichzeitig die Gelegenheit nutzte, den Haustieren die Essensreste aus den Töpfen vorzuwerfen. Im übrigen wusch sie die Küchengerätschaften wegen ihrer beträchtlichen Größe lieber im Waschbottich. Doch am Tag des Wachtelessens machte sie eine Ausnahme und bat Tita darum, ihr diese Aufgabe nur das eine Mal abzunehmen. Gertrudis fühlte sich augenblicklich einer solchen Anstrengung beim besten Willen nicht gewachsen, da sie unaufhörlich am ganzen Körper schwitzte. Die Tropfen, die ihr aus den Poren rannen, waren rosa verfärbt und strömten einen durchdringenden, wahrhaft betörenden Rosenduft aus. Sie verspürte den unwiderstehlichen Drang nach einem Bad und lief eilig los, um die nötigen Vorkehrungen zu treffen.

Im hinteren Teil des Patios, der an die Stallungen und die Getreidespeicher angrenzte, hatte Mama Elena eine behelfsmäßige Duschvorrichtung anbringen lassen. Es handelte sich um eine kleine, aus Holzplanken zusammengezimmerte Kammer, nur daß zwischen den einzelnen Brettern ein so breiter Spalt blieb, daß man unfreiwillig einen Blick auf die Person werfen konnte, die gerade dort ein Bad nahm. Immerhin handelte es sich um die erste Dusche, die das Dorf je gesehen hatte. Einer von Mama Elenas Vettern, der in San Antonio, Texas, lebte, hatte diese Konstruktion erfunden. Sie wurde durch einen zwei Meter hohen Kasten versorgt, der 40 Liter faßte, vor dem Bad aufgefüllt werden mußte und dann mit Hilfe der Schwerkraft funktionierte. Es bedeutete harte Arbeit, die randvollen Wassereimer über eine Holzleiter hinaufzuschaffen, doch danach war es eine Wohltat, wenn man nur den Hahn aufzudrehen brauchte und in den Genuß des kräftigen Wasserstrahls kam, der sich nicht einzeln geschöpft, sondern in vollem Schwung über den gesamten Körper ergoß. Jahre später sollten die Gringos diesen Vetter mit einer Lappalie für seine grandiose Erfindung abfinden, um das System anschließend zu perfektionieren. Sie konstruierten Abertausende von Duschen, ohne den besagten Tank zu benötigen, da das System mit Hilfe von Wasserleitungen betrieben wurde.

Wenn Gertrudis das in jenem Augenblick gewußt hätte! Die Ärmste schleppte mindestens zehn bleischwere Wassereimer die Leiter hinauf. Es fehlte nicht viel, und sie wäre in Ohnmacht gefallen, so sehr schürte diese geradezu unmenschliche Anstrengung in ihr die Lust des alles verzehrenden Feuers.

Einzig die Aussicht auf das erfrischende Bad, das sie erwartete, hielt sie aufrecht, doch unglücklicherweise konnte sie es am Ende doch nicht genießen, denn der Wasserstrahl, der aus der Dusche trat, kam erst gar nicht so weit, ihren Körper zu berühren: Bevor er ihn auch nur streifte, war er bereits verzischt. Gertrudis' innere Glut war so heftig, daß die Holzbretter schließlich zu ächzen begannen und es nicht lange dauerte, bis sie Funken sprühten. Da sie es plötzlich mit der Angst zu tun bekam, sie würde in den Flammen umkommen, flüchtete Gertrudis panikartig aus dem Holzverschlag, und zwar so wie sie war, splitterfasernackt.

Im Handumdrehen hatte der Rosenduft, den ihr Körper ausströmte, sich in beträchtlichem Umkreis verbreitet. Ja, er war bis über das Dorf hinaus vorgedrungen, wo die Revolutionäre und die Federales, die regimetreuen Truppen, sich soeben eine blutige Schlacht lieferten. Unter ihnen tat sich jener Villa-Anhänger, der eine Woche zuvor in Piedras Negras Einzug gehalten hatte und Gertrudis auf dem Dorfplatz begegnet war, durch besondere Tapferkeit hervor.

Eine rosige Duftwolke erreichte ihn, hüllte ihn ein und bewirkte, daß er unversehens in wildem Galopp Mama Elenas Farm entgegeneilte. Ohne zu wissen warum, hatte Juan, so hieß dieser Mann, dem Schlachtfeld den Rücken gekehrt und dort einen der Feinde mehr tot als lebendig zurückgelassen. Eine höhere Macht lenkte sein Tun. Er wurde vom überwältigenden Verlangen getrieben, so schnell wie möglich an einem nicht näher bestimmten Ort nach etwas Unbekanntem zu suchen. Dieses zu finden, fiel ihm freilich nicht weiter schwer. Er brauchte nur dem Duft von Gertrudis' Körper zu folgen und kam noch gerade rechtzeitig an sein Ziel, um zu erleben, wie sie mitten über das Feld davonlief. Nun wußte er, warum es ihn magisch hierhergezogen hatte. Jene Frau verlangte es gebieterisch danach, ein Mann möge ihr die Glut löschen, die ihre Eingeweide verzehrte. Ein Mann, der sich nicht weniger nach Liebe sehnte als sie, ein Mann wie er.

Gertrudis hielt im Lauf inne, als sie ihn herannahen sah. Nackt wie sie war, mit gelöstem, bis zur Taille reichendem Haar und einem weithin sichtbaren Leuchten, verkörperte sie eine Art Synthese zwischen Engel und Teufel in Frauengestalt. Ihr liebliches Antlitz und der vollkommene, makellose Körper einer Jungfrau standen in krassem Gegensatz zu der Wollust, die ihr nicht nur aus den Augen, sondern auch aus sämtlichen Poren sprach. Diese Details, verbunden mit den sexuellen Gelüsten, die Juan so lange Zeit während des Kampfes in der Sierra unterdrückt hatte, machten die Begegnung der beiden fürwahr zu einem Spektakel.

Von Ungeduld getrieben, beugte Juan sich mitten im Galopp herunter, packte Gertrudis bei der Taille, hob sie auf den Rücken des Pferdes, daß sie, das Gesicht ihm zugewandt, vor ihm aufsaß, und ritt mit ihr auf und davon. Das Pferd, das augenscheinlich nicht minder durch höhere Gewalt gelenkt wurde, fand seinen Weg allein, als wüßte es genau, wo es langging, obwohl Juan die Zügel losgelassen hatte, damit er Gertrudis leidenschaftlich in die Arme schließen und mit unzähligen Küssen bedecken konnte. Das Auf und Ab des Pferdes ging schließlich in den Rhythmus ihrer Körper über, während sie in scharfem Ritt unter äußersten Schwierigkeiten zum ersten Mal ausgiebig der Liebe frönten.

Die Mexikanerin Laura Esquivel übertreibt in ihrem Roman-Kochbuch/Kochbuch-Roman nur unwesentlich die durchschlagende Wirkung extremen Würzens. Nicht immer wirken die Rosenblätter so märchenhaft wie bei Gertrudis, und nicht immer ist dann gleich der heißblütige Ritter zur Stelle. Aber daß Pflanzen, Früchte oder Gewürze Physis und Psyche direkt beeinflussen, sprach sich schon kurz nach

Adam und Eva herum. Schließlich war der im Paradies geklaute Apfel auch nicht ganz ohne Folgen.

Bei den Griechen wurde der Apfel Aphrodite zugesprochen. Als sie am Strand von Zypern nach ihrer Geburt aus einer Muschel den Schaum des Wassers verließ, sprossen überall dort, wo sie den Boden berührte, wunderbare Blumen und Pflanzen. Neben dem Apfel zählen die Quitte, der Granatapfel, die Wasserminze, der Lotus, die Damaszenerrose, die Lichtnelke und viele andere zu den Pflanzen der Aphrodite.

Was in der Vergangenheit galt, muß in der Gegenwart nicht falsch sein. Auch wenn in unseren mitteleuropäischen Breiten behauptet wird, daß kräftiges Würzen schädlich sei, muß das noch lange nicht stimmen. So manch dickbäuchigem Germanen würde es nicht schaden, wenn er zur Abwechslung statt fadem Eisbein oder fett triefendem Grünkohl hin und wieder gutgewürzte Hühnerhaxen und mit Chilis angereicherten Reis essen würde. Scharfe Gewürze fressen nicht etwa Löcher in die Magenwände, wie Gegner behaupten, sie fördern vielmehr die Verdauung und verhindern das müde Abschlaffen nach der Mahlzeit. Ganz allgemein erweitern sie die Blutgefäße, fördern also die Blutzirkulation. Und das führt zu den angenehmsten Nebenwirkungen.

Ingwer beispielsweise erhitzt den Körper und stimuliert die Sexualorgane. Vanille wurde und wird gegen Impotenz eingesetzt. Pfeffer gilt sowohl in der asiatischen wie in der europäischen Volksmedizin als gutes Aphrodisiakum. In der griechischen und römischen Gesellschaft war Anis äußerst beliebt, reizte er doch angeblich zum Beischlaf. Ein erfülltes Liebesleben soll auch durch Basilikum beschert werden. Und selbst die alltägliche Petersilie hat es faustdick in der Wurzel: Sie war tragender Bestandteil der Hexen- oder Flugsalben, die erotische Ekstasen bewirkten. Daß Chili, wenn er in Maßen eingesetzt wird, den Geschlechtstrieb anheizt, scheint ebenso plausibel wie der gute Rat, bei seinem Gebrauch als Aphrodisiakum Überdosierungen unbedingt zu vermeiden. Nicht nur vor zuviel Chili wird gewarnt. Auch dem Senf werden so starke potenzfördernde Wirkungen nachgesagt, daß er in manchen Klöstern für Mönche verboten war.

Wachteln in Rosenblättern

12 Rosen, möglichst rot
12 Kastanien
2 Löffel Butter
2 Löffel Maisstärke
2 Tropfen Rosenwasser
2 Löffel Anis
2 Löffel Honig
2 Knoblauchzehen
6 Wachteln
1 Pita-Frucht

Die Blütenblätter werden behutsam von den Rosen abgezupft, wobei darauf zu achten ist, daß man sich nicht an den Dornen sticht, denn die Stiche sind nicht nur äußerst schmerzhaft, sondern das Blut könnte auch an den Blütenblättern haften bleiben. Dies würde möglicherweise den Geschmack des Gerichts beeinträchtigen und, was noch schlimmer ist, eine nicht ungefährliche chemische Reaktion hevorrufen.

(...) In der Tat ist dieses Gericht eine besondere Delikatesse. Die Rosen verleihen dem Geflügel ein höchst spezielles, subtiles Aroma.

Sobald die Blütenblätter entfernt sind, zerreibt man sie gemeinsam mit dem Anis im Mörser. Dann röstet man die Kastanien einzeln auf dem Comal, schält sie und kocht sie in Wasser weich. Danach werden sie püriert. Der Knoblauch wird ganz fein gehackt und in Butter gedünstet, bis er goldbraun ist. Man fügt das Kastanienmus, den Honig, die zerkleinerte Pita-Frucht, die Rosenblätter und Salz nach Geschmack hinzu. Damit die Sauce sämiger wird, kann man zwei Löffel Maisstärke untermischen. Zum Schluß gibt man alles durch ein Sieb, schmeckt mit höchstens zwei Tropfen Rosenwasser ab, um eine zu intensive Wirkung zu vermeiden, und nimmt es vom Feuer. Die Wachteln dürfen nicht mehr als zehn Minuten darin ziehen, damit sie nur eben einen Hauch dieses Aromas annehmen, und dann holt man sie wieder heraus.

Die Rosenblätter haben eine so durchdringende Wirkung, daß dem Mörser, den man zum Mahlen der Blätter benutzt hat, noch tagelang ihr Parfum anhaftet.

(Rezept aus »Bittersüße Schokolade« von Laura Esquivel)

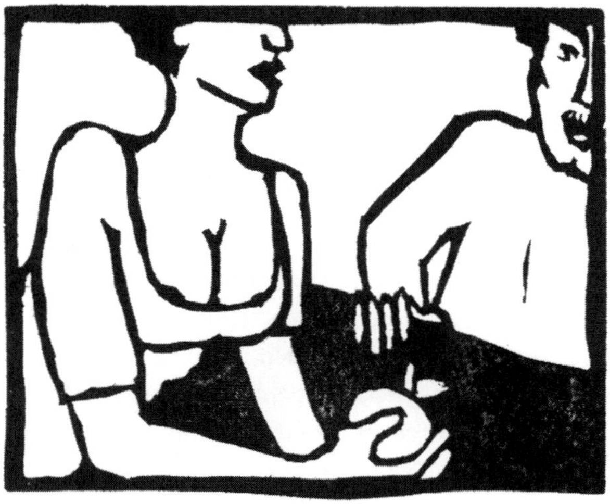

Der starke Mann

Gabriel Chevallier
Clochemerle

Schließlich war der Trunkenbold Arthur Torbayon gestorben, was seit langem erwartet wurde. Er endete wie viele Kneipenbesitzer, die sich am Schanktisch dem Selbstmord weihen, um das Gedeihen ihres Unternehmens durch immer neue Runden zu sichern. Zu Beginn fühlt sich der Mann kerngesund und unverletzlich. Er betrachtet dieses Spiel mit den Runden als eine Art athletischen Sports. Aber die Kunden sind zahlreich, während er hinter dem Schanktisch allein steht. Wenn er allen standhalten will, ist er verloren, und fast alle bieten ihm an, mit ihnen anzustoßen. Hinzu kamen die austrocknende Glut des Herdes in der Küche, wo Torbayon sich oft aufhielt, und die Ausdünstungen des Kellers, wo er seine Fässer anstach. Und schließlich, nicht zu vergessen, die mörderische Runde im Keller, die nach heimischem Brauch den Fremden blaumachen sollte. Da ging's um die Ehre von Clochemerle. Dabei hexte man sich natürlich auch einen an, nur weniger ungestraft als der Fremde, bei dem der Kater eine Ausnahme war. Dann kam eine Zeit, wo die Betrunkenheit bei Torbayon ein Dauerzustand wurde. Je mehr er trank, desto durstiger wurde er. Die Nieren wurden störrisch, die Leber verstopft, aber Torbayon trank weiter. Schließlich verfiel er in einen Zustand der Verblödung und Unfähigkeit. Die Zirrhose nagte an ihm. Er trank sich zu Tode. Als er das Ende nahen fühlte, ließ er sich einen Krug, den letzten, bringen und starb mit dem Glase in der Hand und dem Geschmack des Beaujolais auf der Zunge. In einem gewissen Sinn eine heroische Geste! Jedenfalls ein heroisches Bekenntnis zum Wein! Und wenn er betrunken starb – denn in der letzten Zeit brauchte er wenig dazu –, so war es für einen Mitbürger von Clochemerle ein glorreicher Tod!

Adèle empfing die Beileidsbezeigungen, die niemand aufrichtig meinte, denn man wußte wohl, daß der Verstorbene ihr in den letzten Jahren das Leben schwergemacht hatte. Nicht mit böser Absicht, aber der Mann wurde hinfällig und erfüllte seine Pflicht als Chef nicht mehr. Er brachte Unordnung in den Gasthof, leerte den Keller und konnte schließlich, sinnlos betrunken, nur noch faseln oder, quer übers Bett geworfen, schnarchen. Wenn man ihn nicht fortgejagt hätte, würde er dieses Schauspiel ebensogut in der Schenkstube gegeben haben. Die Stammkunden, fast alle Freunde des Hauses, bedauerten Adèle und beklagten es, daß ihr robuster, blühender Körper die Liebkosungen entbehren mußte. Aber die tapfere Frau vertraute niemand etwas von ihren Sorgen an, obgleich sie oft in Nachdenken versunken schien. Ihr Lächeln war immer das gleiche. Sie mußte den Gasthof leiten, über die Küche wachen und dafür sorgen, daß alle Kunden zufrieden waren. Dem Anschein nach hatte sie sich das zur Lebensaufgabe gemacht.

»Sie bringt einen Batzen Geld zusammen!« sagten die Clochemerler. Ja, ohne Zweifel. Aber ist Geld wirklich alles? Es kann notfalls verschaffen, was teuer ist, jedoch nicht, was kostbar ist. So stumpfsinnig Torbayon auch war, es war immerhin jemand da, und sein Ableben hinterließ eine Leere. Mit Ausnahme der Sonntage, an denen Hunderte von Essen serviert wurden, konnte Adèle es nicht mehr in diesem großen, verödeten Hause aushalten, das nur von den Schreihälsen in der Gaststube belebt wurde. Was sollte sie allein mit soviel Geld anfangen? Sie führte nicht mehr so sorgfältig Buch, überwachte die Einkäufe und das Personal mit weniger Interesse, vernachlässigte die Küche und verfiel oft in einen Zustand von gereizter Nervosität. Launen, tiefe Niedergeschlagenheit und Gleichgültigkeit bemächtigten sich ihrer. Dieser Wechsel blieb ihr nicht verborgen. Sie faßte den Entschluß, sich einen Mitarbeiter zu suchen, einen guten Koch. Egal, sie würde eben bezahlen, was nötig wäre. Die entsprechenden Inserate gab sie in den Zeitungen von Lyon auf.

Zwei Schmerbäuche stellten sich vor, mit verschleiertem Blick und rotleuchtender Nase, Opfer der Küchenglut und des Alkohols. Über kurz oder lang hätten sie ein Ende genommen wie Torbayon. Adèle wies sie ab. Der dritte war der Richtige.

Schlank, sehnig und gebräunt, mit dunklen Augen und schwarzblauen Haaren, ein festes Kinn und geschwungene Lippen. Er war ein Korse. Sein Name war Ange Zucatti. Als echter Korse ließ er ungeniert einen prüfenden Blick über die Frau gleiten, er schätzte sie sozusagen ab: Figur, Alter und Temperament. Witwe? Ausgezeichnet! Besitzerin des Lokals? Das machte die Sache noch besser! Derjenige, der die Entscheidung traf, war er. Es sah aus, als ob *er* jemand einstellen wollte. Denn was Adèle betraf: Die Beine versagten ihren Dienst, sobald sie seiner ansichtig wurde. Wehrlos war sie ihm ausgeliefert. Von diesem Augenblick an wußte sie, daß dieser Blick und diese Lippen ihr Schicksal besiegeln würden, daß sie im voraus alles unterschriebe, was auch immer kommen möge. Er seinerseits war sich bewußt, daß diese etwas überreife Schönheit in einer kläglichen Lage war und ihm ohne Widerstand angehören würde. Ein Lächeln entblößte sein weißes Gebiß bis zu den überstehenden Eckzähnen, als er die Fülle dieses noch anziehenden, aber von der Erschlaffung bedrohten Körpers zynisch mit den Augen maß. Ohne überhaupt nach dem Gehalt zu fragen, richtete er sich hier bereits ein, als der Gebieter. Adèle dachte auch nicht daran, ihn nach seinen Forderungen zu fragen. Es war ja sowieso alles zugestanden.

Ange Zucatti ließ sich die Küche zeigen, besichtigte den Herd und die Kocher, das Küchengeschirr und die Spüle, wobei er einige Bemerkungen fallenließ. Dann:

»Wo soll ich wohnen?«

»Sie werden Ihr Zimmer gleich sehen.«

Adèle rief Flora, die Magd. Ein Schmutzfink, aber prachtvoll, ein üppiges schönes Tier! Sie besaß den ausdruckslosen Blick der Unterwürfigen und die lässige Hüfte der Wollüstigen. Zucatti reichte ihr einen seiner Koffer, belud sich mit dem anderen und ließ sie vorausgehen. Als er die Treppe hinaufstieg, hatte er Gelegenheit, ihre Formen zu bewundern. Sobald er im Zimmer war, stieß er die Tür mit dem Fuß zu, warf Flora aufs Bett und bemächtigte sich ihrer, ohne ein Wort zu verlieren. Danach:

»Wie heißt du?«

»Flora.«

»Halt's Maul über das, was eben passiert ist, kapiert?«

Das wurde in einem solchen Ton vorgebracht, daß sie, die ihm nach diesem rauhen Überfall bereits mit allen Fasern ergeben war, begriff, daß er nicht scherzte und sie nach Laune mißbrauchen würde.

Was Flora besonders reizvoll machte, war das leichte Schielen ihrer dunklen Augen, die auf einen Punkt im Gesicht ihres Gegenübers konzentriert waren. Man war versucht, sich zu fragen, ob dieser Stelle plötzlich eine Warze entsprossen sei. Allerdings hatte man danach das beruhigende Gefühl, daß das nette Mädchen nur diesen spitzen Winkel ihres Gesichtsfeldes gewählt habe, um einem unter dem Einfluß einer jähen Anziehungskraft ihre Zuneigung zu bezeigen. Da man außerstande war, ihr Auge in Auge zu begegnen, wurde man von diesem Strahlenbündel ihres konvergierenden Blickes gefangen, in dem man den Ausdruck einer warmen Zärtlichkeit zu lesen glaubte. Das war aufregend und brachte einen auf seltsame Gedanken. Nun war aber Flora so beschaffen, daß sie die Verheißungen ihres Blickes erfüllte. Es gab Kunden, die ihretwegen einen Abstecher von dreißig oder gar fünfzig Kilometern machten, nur um in Clochemerle übernachten zu können. So trug sie zum Rufe des Gasthofs bei. Wahrscheinlich hatte dieser zärtlich schielende Blick auch auf Ange Zucatti seine augenblickliche Wirkung ausgeübt. Außerdem wollte er wohl auch zeigen, daß sich von nun an etwas im Hause ändern würde. Ein Mann hatte seinen Einzug gehalten, ein richtiger Mann, der es verstand, sich bei den Frauen mit einem Minimum von Worten verständlich zu machen und seine Herrschaft über sie aufzurichten. Kurz und gut, ein Korse von altem Schlag! Vielleicht hatte er Absichten auf die Besitzerin, aber das hinderte ihn nicht, die Magd seinem Gesetz zu unterwerfen. Und diese war ungleich frischer und begehrenswerter als die Chefin.

Die Führung der Geschäfte verlangten am nächsten Morgen eine längere Besprechung Adèles mit ihrem neuen Angestellten. Als Küchenmeister hatte er sich mit dem Einkauf der Lebensmittel zu befassen. Er mußte die erforderlichen Mengen kennen, die Namen der Lieferanten, die Transportmöglichkeiten, und was dergleichen mehr ist. Masthühnchen, Eier, Butter und Weißkäse kamen direkt aus dem Département Ain, dessen Bauern, »Gelbwänste« genannt, ihre Erzeugnisse gegen diejenigen der Weinbauern im Beaujolais eintauschten, die »Rotschläuche« hießen. Die Anwohner des Saône-Ufers, die nicht immer über eine entsprechende Genehmigung verfügten, lieferten Flußfische, Karpfen, Hechte und kleine Bratfische. Das Fleisch stammte von einem Schlachter in Mâcon, der seine Tiere direkt aus dem Charolais bezog. Eine gleichbleibende Qualität war unerläßlich, wenn man ein Rippenstück, mit Weinranken garniert, mundgerecht grillen wollte. Die Seefische, Frösche und das Wild wurden von den Markthallen in Ergänzung dessen geliefert, was die Jagd und der Fischfang in den Dombes hergaben. Für die Schnecken, Krebse und auch Forellen benutzte man mehr oder weniger dunkle Bezugsquellen der heimischen Gegend. Aber niemand fragte nach dem Ursprung der Nahrung, wenn das Essen gut zubereitet war.

Zucatti mußte sich auch mit den Rezepten beschäftigen, die den Ruf des Hauses begründet hatten. Sie erforderten einen besonderen Griff, vor allem, was die Hühnchen in Sahnensoße, die Kartoffelpuffer und die Mazurkatorte aus Blätterteig, Mandelmasse, Kirsch, Karamelkrem und kandierten Früchten anging. An einem Küchentisch schrieb er alles, was er wissen mußte, in ein Heft. Ihm gegenüber stand Adèle vornübergebeugt, die Ellbogen auf den Tisch gestützt, und gewährte ihm einen Einblick in die reichen Schätze ihres Halsausschnittes, wo sich zwischen den aneinandergepreßten Brüsten eine tiefe Schlucht abzeichnete. Wenn Zucatti den Blick hob, geriet er in die Falle dieser weißen Schlucht, die eine Zwangsvorstellung in ihm auslöste. Er fragte sich, an welchem Punkt dieser Kurve die Brustwarzen säßen und ob Adèle empfindlich daran sei. Es gibt Frauen, die verloren sind, sobald man sich ihrer Brüste bemächtigt. Nach seiner Ansicht mußte Adèle zu ihnen gehören. Es lag in seiner Natur, daß er nicht eher zufrieden sein würde, bevor er nicht auch Adèle besessen hätte, um die Befriedigung seiner sexuellen Bedürfnisse sofort sicherzustellen. Und ebenfalls ohne viel Federlesens. Hinterher könnte man ja weitersehen. Zuerst muß der Platz genommen und die Fahne gehißt werden, bevor man zur Bestandsaufnahme und zu raffinierten Einzelheiten übergeht. Er hatte nicht die Gewohnheit, vorher schöne Worte zu machen. Danach kam es darauf an, welchen Nutzen man aus der Eroberung ziehen wollte. Das war Zucattis Technik, und sie hatte sich als erfolgreich bewiesen. Er wußte aus Erfahrung, daß zahlreiche Frauen – für ihn die interessantesten – ein trojanisches

Pferd in sich tragen, das zum Komplizen des Angreifers wird und ihm die Schlüssel der Zwingburg ausliefert. (Seine Phantasie arbeitete nicht mit diesen Bildern, aber es kam auf dasselbe heraus.) »Zuerst zusammen schlafen, dann plaudern!« Koketterie, Tändelei und Getue waren bei ihm unangebracht. Als ausgesprochener Realist wollte er zuerst etwas in den Händen haben, bevor er die psychologische Stufe in Angriff nahm, die nach seiner Meinung in vielen Fällen überflüssig war.

Zucatti hatte alles aufgeschrieben, was ihm notwendig erschien. Mit beabsichtigter Zudringlichkeit tauchte er seinen Blick tief in Adèles majestätischen Busenausschnitt und verweilte dort, um den Umfang und die warme Fülle zu ermessen. Dann heftete er seine dunklen Augen mit magnetischem Blick in die ihren und ließ in einem Augurenlächeln seine grausamen Eckzähne sehen.

»Bis heute abend!« betonte er, was deutlich zu besagen schien: »Jetzt ist nicht der Augenblick, wir würden gestört werden! Aber heute abend werden wir das alles näher untersuchen!«

Man kann mit Recht vermuten, daß Adèle tatsächlich an jenem Abend die Grenzen des Schamgefühls und der Vernunft überschritt und sich ihrem schönen Koch auslieferte.

In beruflicher Beziehung war Ange Zucatti durchaus auf der Höhe. Er hatte sofort begriffen, daß der Gasthof, der seit einiger Zeit durch Adèles Trübsinn vernachlässigt worden war, eine energische Führung nötig hatte. Mit Autorität machte er sich das Personal gefügig. Der Speisekarte fügte er eine Anzahl meridionaler Gerichte hinzu, auf deren Zubereitung er sich ausgezeichnet verstand, wie die Ratatouille niçoise, ein Eintopfgericht aus Nizza, und die neapolitanische Pizza. Außerdem besaß er hervorragende Rezepte für die Bouillabaise, die Marseiller Fischsuppe, und für ein Fischragout mit Aal. Neben dem Hühnchen in Sahnensoße erschien auf der Speisekarte ein gegrilltes Hühnchen, das, mit Essig und Estragon zubereitet, köstlich roch und den Magen weniger beschwerte. Diese kulinarischen Besonderheiten konnten dem Gasthof nur neuen Glanz verleihen. Man kam von weit her, um diese Gerichte zu kosten, die in der Gegend selten zu finden waren. Der Umsatz stieg zusehends, und bald erschien der Gasthof, mit zwei Sternen versehen, im Reiseführer »Michelin«.

Sechs Monate später heiratete Adèle Ange Zucatti. Außer ihrer Person im Gesamtumfang überließ sie ihm den Anspruch auf die Hälfte ihrer Güter. Der Ehemann war zweiunddreißig Jahre alt, während Adèle ihr sechsundvierzigstes Lebensjahr begann. Nach allgemeiner Ansicht war es ein Wahnsinn. Aber für die aufgewühlte, hörige Adèle, die, man muß es schon zugeben, noch nie in ihrem Leben so verliebt gewesen war, gab es außerhalb dieses Wahnsinns weder Glück noch Zukunft mehr. Übrigens hatte ihr Zucatti keine andere Wahl gelassen, denn er wollte nicht in Clochemerle versauern, nur um einfacher Angestellter zu sein. Da Adèle ihn unter keinen Umständen gehen lassen wollte, überredete er sie ohne große Mühe. Er war nicht nur ihre letzte Chance, er war der Mann, der ihre geheimsten Regungen ansprach. Sie wußte wohl, daß sie leiden und von Eifersucht gequält werden würde. Ange hatte so eine seltsam besitzergreifende Art, wenn er Flora ansah oder im Vorbeigehen ihre Hüften berührte. Sie wollte die Magd, in der sie eine gefährliche junge Rivalin witterte, entlassen. Er weigerte sich. Und als sie nicht nachließ, sagte er nur kurz angebunden: »Wer kommandiert hier?«

In der Woche nach der Eheschließung ließ Zucatti das Schild des Gasthofes neu streifen. Die Inschrift »Chez Adèle« blieb stehen, da das Haus unter diesem Namen seinen Ruf erlangt hatte. Aber darunter wurde der Name des seligen Torbayon weggekratzt und in schön verschnörkelten Linien »Besitzer Ange Zucatti« hingemalt. Der frischgebackene Ehemann wohnte mit seiner weißen Mütze dieser Verwandlung auf der andern Seite der Straße bei. Als der Maler gegen Abend sein Werk beendet hatte, ließ Zucatti sich einen Klappstuhl, ein Erfrischungsgetränk und eine Havannazigarre bringen, eine von denen, die stets für die Kundschaft bereitstanden. Dann betrachtete er lange *sein* Geschäft, während Adèle ihm mit zärtlichen Blicken von der Haustür aus zuschaute. Vor zwölf Jahren hatte Zucatti seine unfruchtbare Insel verlassen, um das Glück im Mutterlande zu versuchen. Übrigens war er sich gleich darüber klar gewesen, daß man den sozialen Aufstieg nur mit Hilfe der Frauen macht. Er hatte es erreicht. Auch Zucatti hatte seine Beauharnais gefunden.

»Ein Korse von altem Schlag!« ist Ange Zucatti, der neue Koch von Adèle. Und als solcher hat er das Recht, wenn nicht sogar die Pflicht, sich erst der Magd und dann der Chefin zu »bemächtigen«. Punkt. Und die Damen? Sie sind ihm sofort mit Haut und Haaren verfallen. Denn: »Ein Mann hatte seinen Einzug gehalten, ein richtiger Mann, der es verstand, sich bei den Frauen mit einem Minimum von Worten verständlich zu machen und seine Herrschaft über sie aufzurichten.« Ein Satz, der jede auch nur einigermaßen emanzipierte Frau zum Küchenmesser greifen läßt, denkt sie auch nur eine Sekunde darüber nach. Aber genau dieses Nachdenken soll, darf nicht eintreten, läßt frau ihren erotischen Phantasien Raum. Phantasien, wohlgemerkt. Ein gerissener Korse, bei dessen Beschreibung kein Klischee ausgelassen wird, kommt da gerade recht. Schlank, sehnig, prüfender Blick, überstehende Eckzähne, schwarzblaues Haar: ein reißender Wolf. Widerstand zwecklos.

Kaum eine Frau wird sich eingestehen, daß das Grobe, Ungehobelte, Unverschämte etwas sein könnte, das sie nicht auf-, sondern erregt, schon gar nicht eine Frau, die ihren ständigen Partner streng domestiziert hat. Normalerweise bleiben Phantasien Phantasien. Und doch ... weg vom Alltag, im Urlaub, auf Reisen oder bei ausgeflippten Festen, passiert es, daß Anstand und Erziehung abgestreift werden – zusammen mit den Kleidern. Wie sonst könnte geschehen, was vor einigen Jahren in den Alpen vorgekommen sein soll. Eine englische Schulklasse, alles feine junge Damen, machte Skiurlaub in Tirol. Nach dem Urlaub waren von den siebzehn Schülerinnen elf schwanger, ebenso die Lehrerin. Die Vaterschaft wurde den örtlichen Skilehrern angelastet, die ja bekanntlich nicht durch übertriebene Sensibilität auffallen.

Daß auch die Männer – ob brave Hausmännchen oder gefürchtete Nadelstreifenträger – zumindest in ihren Wünschen nichts gegen handfeste Liebesbezeugungen haben, ist bekannt. Mehr oder weniger respektable Manager flehen zwischen zwei Sitzungen ihre Vorzimmer-Domina um ein paar Bösartigkeiten an, körnermümmelnde Latzhosenträger träumen von Terminatorinnen, die sie gewaltsam mit riesigen Steaks traktieren. Und angesehene Politiker – hier denken wir wiederum an England – fügten sich jahrelang geradezu wollüstig einer übergroßen Premierministerin.

Poulet à la crème

1 Poularde
Butter
3 bis 4 Schalotten oder
1 Gemüsezwiebel
Salz, schwarzer Pfeffer
¼ l trockener Weißwein
1 Eigelb
¼ l Crème fraîche
Zitronensaft

Poularde in sechs bis acht Teile zerlegen und in einem Schmortopf in Butter von allen Seiten anbraten.

Gehackte Schalotten dazugeben und mit andünsten. Salzen, mit frisch gemahlenem schwarzen Pfeffer würzen und mit dem Weißwein aufgießen.

Auf kleinem Feuer 30 bis 40 Minuten weichdünsten.

Das Fleisch herausnehmen und in einer Servierschüssel warmstellen.

Eigelb mit 2 EL Crème fraîche in einer kleinen Schale verrühren.

Den Bratensatz mit 1 EL Zitronensaft und der restlichen Crème fraîche ablösen. Das verquirlte Eigelb dazugeben und rühren, bis eine sämige Sauce entsteht (nicht mehr kochen!).

Sauce über die Poulardenstücke gießen und sofort auftragen.

Lammrücken mit Ziegenkäse gefüllt und Ratatouille-Quiche

Lammrücken:
400 g ausgelöster Lammrücken
100 g korsischer Ziegenkäse, jung
80 g Schweinenetz
½ Aubergine
Olivenöl
Salz, Pfeffer aus der Mühle
2 dl Lammjus (vom Feinkosthändler)

Ratatouille-Quiche:
½ Zucchini
1 rote Zwiebel
½ Aubergine
½ Paprika, rot und gelb
1 Zehe Knoblauch
2 EL Tomatenmark
frischer Rosmarin
Thymian, Oregano
Olivenöl
Salz, Pfeffer aus der Mühle
4 Scheiben Filo- oder Strudelteig
3 Eigelb
40 g geriebener Parmesan

Zucchini, Zwiebel, Aubergine, Knoblauch und Paprika in kleine Würfel schneiden und in Olivenöl anbraten.

Jetzt das Tomatenmark beigeben und bei geringer Hitze weiterdünsten.

Die Kräuter hinzufügen und mit Salz und Pfeffer abschmecken.

Das Ratatouille abkühlen lassen, mit dem Eigelb vermengen, in die vorbereiteten, mit Teig ausgelegten Tarteförmchen füllen, mit dem Parmesan bestreuen und 5 Minuten (vor dem Lammrücken) im vorgeheizten Ofen auf der obersten Leiste backen.

Den Lammrücken auf einer Seite (wie zu einem Schmetterlingssteak) aufschneiden und über die gesamte Länge mit dem in Scheiben geschnittenen Ziegenkäse füllen.

Das Fleisch wieder in die ursprüngliche Form bringen und mit der auf der Brotmaschine in 2 mm dicke Scheiben geschnittenen Aubergine (der Länge nach) umwickeln.

Danach in das gewässerte Schweinenetz einpacken und in Olivenöl 12 Minuten bei 180 Grad im Ofen rosa braten.

Den Lammrücken vor dem Anrichten portionieren, die Quiche dekorativ dazu anrichten und die Lammjus um das Fleisch gießen.

Liebe auf den ersten Biß

Fay Weldon
Herzenswünsche

Helen sah Clifford in die Augen und merkte, daß er sie anstarrte. Wenn ihn etwas reizte, leuchteten seine Augen noch blauer als sonst, und was ihn reizte, das ließ er sich nicht entgehen – eine Tut-ench-Amun-Maske etwa oder ein lang verschollenes Stück vom Parthenon-Fries, die er für Leonardo's erwarb. Jetzt waren sie wirklich tiefblau.

Wie blau seine Augen sind, dachte Helen. Als wären sie gemalt –, und dann hörte sie irgendwie ganz auf zu denken. Sie war erschrocken. Sie stand wehrlos (so empfand sie es jedenfalls) und allein zwischen schwatzenden, eleganten Leuten, die eigentlich alle älter waren als sie und im Gegensatz zu ihr genau wußten, was sie zu denken, zu fühlen und zu tun hatten; und als sie hochblickte, in diese ach so blauen Augen, da war es vielleicht ihre Zukunft, die sie sah und vor der sie erschrak.

Vielleicht sah sie aber auch Nells Zukunft. Liebe auf den ersten Blick, das gibt es ja wirklich, sogar bei den unmöglichsten Leuten. Meiner Meinung nach spielten Clifford und Helen nur Nebenrollen in Nells Drama; auch wenn sie (wie wir alle) natürlich dachten, sie wären die Hauptpersonen. Wie schon gesagt: Ich glaube, daß Nell in dem Moment zu existieren begann, als Helen und Clifford einfach dastanden und einander anschauten und Helen verängstigt und Clifford entschlossen war und beide ihr Schicksal kannten. Das da lautete, einander zu lieben und zu hassen bis an ihr Lebensende. Die spätere Vereinigung im Fleische war vielleicht ein überwältigendes Erlebnis, aber eigentlich doch unerheblich. Nell entstand durch Liebe. Doch der Wechsel von der nichtstofflichen zur stofflichen Existenz kann nur zufällig, absichtlich und unabsichtlich zugleich sein: Was da im Verborgenen geschieht, das nennen wir Sex, und als Helen und Clifford einander anschauten, wußten sie von dem geplanten Wunder nur soviel, daß sie ins Bett und einander in die Arme fallen mußten, je früher, desto besser. Ja, so ergeht es den Glücklichen.

Aber natürlich ist das Leben nicht ganz so einfach, nicht einmal für Clifford, der das Glück hatte, sehr genau zu wissen, was er wollte, und es meistens auch bekam. Zuerst mußten nämlich die Götter von Sitte und Anstand versöhnlich gestimmt werden.

»Ich habe erfahren, daß Sie John Lallys Tochter sind«, sagte er. »Wissen Sie denn, wer ich bin?«

»Nein«, sagte sie. Aber Leser, sie wußte es doch. Und wie sie es wußte. Sie log. Sie hatte oft genug Clifford Wexfords Foto in den Zeitungen gesehen. Sie kannte ihn auch aus dem Fernsehen: die Hoffnung der britischen Kunstszene, wie einige meinten; oder ein trauriges Beispiel für ihren Niedergang, wie andere behaupteten. Darüber hinaus hatte sie ihren Vater schon von Kindheit an über Clifford Wexford, seinen Arbeitgeber und Mentor, fluchen hören. (Einige fanden, John Lallys Haß auf Clifford Wexford grenze schon an Verfolgungswahn; andere waren der Meinung, unter den gegebenen Umständen seien solche Gefühle ganz natürlich.) Helen sagte »nein«, weil Cliffords Eitelkeit sie ärgerte, obwohl er toll aussah. Sie sagte »nein«, weil es ihr leider Gottes leichtfiel zu lügen, wann immer es ihr paßte. Sie sagte »nein«, weil ihre Angst verschwunden war und sie ein emotionales Prickeln zwischen ihnen erzeugen wollte – zwischen seiner Verwirrung und ihrem Ärger –, und weil sein Interesse an ihr sie in Hochstimmung versetzte, und weil Hochstimmung einen unvorsichtig macht.

Doch aus Loyalität zu ihrem Vater sagte sie nicht »nein«, das nun nicht.

»Ich werde Ihnen ganz genau erzählen, wer ich bin, wenn wir gleich zusammen essen gehen«, sagte er. Denn Helen beeindruckte ihn so sehr, daß er ihr diesen Vorschlag machte, obwohl er am gleichen Abend mit Sir Larry Patt und seiner Frau Rowena und anderen wichtigen, einflußreichen und internationalen Gästen zum Essen verabredet war.

»Essen gehen!« sagte sie, offenbar erstaunt. »Sie und ich?«

»Falls Sie das Essen nicht überspringen wollen«, sagte Clifford und lächelte dabei so charmant und verständnisvoll, daß diese Anspielung fast unterging.

»Essen gehen, das wäre nett«, sagte Helen und tat so, als wäre die Anspielung tatsächlich untergegangen. »Lassen Sie mich nur meiner Mutter Bescheid sagen.«

»Aber Mädchen!« sagte Clifford vorwurfsvoll.

»Wenn es geht, versuche ich, meiner Mutter jede Aufregung zu ersparen«, sagte Helen. »Das Leben ist sowieso schon aufregend genug für sie.«

Und so ging Helen in aller Unschuld – na ja, fast in aller Unschuld – zu ihrer Mutter Evelyn, die sie nach alter Gewohnheit beim Vornamen nannte. (Die Lallys waren eine künstlerische, eine unkonventionelle Familie.)

»Evelyn«, sagte sie. »Du wirst es nicht glauben! Clifford Wexford will mit mir essen gehen.«

»Geh nicht mit«, sagte Evelyn nervös. »Bitte geh nicht mit! Stell dir vor, das kriegt dein Vater raus!«

»Da mußt du eben lügen«, sagte Helen.

Im Haus der Lallys, dem Applecore Cottage in Gloucestershire, wurde ziemlich viel gelogen. Es mußte sein. John Lally geriet schon bei Kleinigkeiten in schreckliche Wut, und solche Kleinigkeiten gab es ständig. Seine Frau und Tochter versuchten, ihn in Ruhe und Frieden zu lassen, selbst wenn das hieß, die Wahrheit über die Welt mit ihren Ereignissen etwas zu verdrehen. Mit anderen Worten, sie logen.

Evelyn blinzelte, was sie häufig tat, so als wäre ihr die ganze Welt zuviel. Sie war eine gutaussehende Frau – wie hätte sie sonst auch Helens Mutter sein können? –, aber die gemeinsamen Jahre mit John Lally hatten sie verbraucht, fertiggemacht. Jetzt blinzelte sie, weil Clifford Wexford nicht das Schicksal war, das sie für ihre junge Tochter im Auge hatte; außerdem wußte sie, daß Clifford zum

Dinner im Savoy erwartet wurde, wieso wollte er also mit ihrer Tochter ausgehen? Sie wußte nur zu gut Bescheid über das Dinner im Savoy. John Lally hatte sich nämlich bei drei verschiedenen Gelegenheiten geweigert, an einem solchen Essen teilzunehmen, weil Clifford mit von der Partie war, und bis zur vierten Einladung gewartet, bevor er ja sagte, und dadurch seiner Frau überhaupt keine Zeit gelassen, das neue Kleid zu nähen, das sie für einen so außergewöhnlichen Anlaß unbedingt gebraucht hätte. Dinner im Savoy! Und deshalb trug sie das blaue gerippte Baumwollkleid, das sie seit zwölf Jahren zu besonderen Anlässen trug, und mußte sich damit zufriedengeben, hübsch auszusehen, aber unmodisch, eben kein bißchen schick. Und wie sehr sie sich danach sehnte, nur einmal schick auszusehen.

Helen faßte das Blinzeln ihrer Mutter als Zustimmung auf – das tat sie übrigens schon seit ihrer frühesten Kindheit. Aber natürlich bedeutete dieses Blinzeln nichts dergleichen. Wenn überhaupt, dann war es – wie jeder Selbstmordversuch – ein Hilferuf: einmal befreit zu sein von der Last einer Entscheidung, die den Zorn ihres Mannes heraufbeschwören würde.

»Clifford holt schon meinen Mantel«, sagte Helen. »Ich muß jetzt auch gehen.«

»Clifford Wexford«, sagte Evelyn mit matter Stimme, »holt schon deinen Mantel –«

Was Clifford tatsächlich auch tat. Helen ging hinterher, ließ ihre Mutter das Donnerwetter allein durchstehen.

Nun besaß Angie einen weißen Nerz (was sonst?), den Clifford früher am Abend freundlicherweise bewundert hatte, und der hing in der Garderobe neben, ja sogar in Tuchfühlung mit Helens dünnem braunen Stoffmantel. Clifford ging direkt auf letzteren zu und packte ihn beim Kragen.

»Das ist Ihrer«, sagte er zu Helen.

»Woher wußten Sie das?«

»Weil Sie Aschenputtel sind«, bemerkte er. »Und das ist ein Lumpen.«

»Ich will kein Wort gegen meinen Mantel hören«, sagte Helen bestimmt. »Ich mag den Stoff: ich mag das Gewebe: ich mag ausgebleichte Farben lieber als kräftige. Ich wasche ihn mit der Hand, in ganz heißem Wasser. Ich lasse ihn extra in der Sonne trocknen. Er ist genau so, wie ich ihn haben will.«

Diese Rede konnte Helen auswendig. Es war die Rede, die sie ihrer Mutter mindestens einmal pro Woche hielt, denn mindestens einmal pro Woche drohte Evelyn, den Mantel wegzuwerfen. Clifford war von diesem Auftritt beeindruckt. Angies Nerz, der steif am Bügel hing, der aus den Häuten von armen toten Tieren gefertigt war, schien auf einmal grauenhaft und protzig zugleich. Und als er Helen ansah – eher eingewickelt als angezogen, aber entzückend – (vergessen Sie nicht, das war noch zu der Zeit, bevor das Alte, das Ausgebleichte, das Schäbige und insgesamt Schlampige in Mode kam), da war er sofort *einverstanden* und machte nie mehr eine kritische Bemerkung über die Kleidung, die Helen zu tragen oder nicht zu tragen beliebte.

Denn Helen wußte, was sie tat, wenn es um Kleidung ging, und Cliffords Gabe, seine große Gabe (und das ist nicht sarkastisch gemeint) war es, zwischen dem Wahren und dem Falschen, dem Echten und Unechten, dem Großartigen und dem Protzigen unterscheiden zu können und dazu auch zu stehen. Deshalb war er trotz seiner Jugend Larry Patts Assistent und erreichte schon bald darauf sein Ziel, Direktor von Leonardo's zu werden. Gutes von Schlechtem zu unterscheiden – um nichts anderes geht es eigentlich in der Kunst (wenn wir sie mangels besserer Worte einfach so nennen wollen), und ein beträchtlicher Teil der Reichtümer dieser Erde wird eben diesem Zweck geopfert. Staaten, die keine Religion haben, behelfen sich mit Kunst, schaffen so nicht nur Ordnung, sondern Schönheit und Symmetrie über dem Chaos …

Man kommt sich näher

Nun gut. Clifford führte Helen zum Essen aus: in den »Garden«, ein orientalisch angehauchtes Restaurant, das in den Sechzigern große Mode war und das direkt am alten Covent Garden lag. Hier wurden zum Lamm Aprikosen, zum Kalbfleisch Birnen und zum Rinderbraten Pflaumen gereicht. Clifford dachte, daß Helen einen unentwickelten Geschmackssinn und einen Hang zum Süßen habe, und glaubte deshalb, das sei etwas für sie. Womit er auch nicht ganz unrecht hatte.

Sie aß ihr Lamm mit Aprikosen, während Cliffords Augen auf ihr ruhten. Sie hatte kleine, hübsche, gerade Zähne. Er beobachtete sie gespannt.

»Wie finden Sie das Lamm?« fragte er.

In seinen Augen schimmerte es warm, weil er sich so sehr wünschte, sie würde ihm eine gute Antwort geben, aber auch kalt, weil er wußte, daß es Tests geben muß, da die Liebe das Urteilsvermögen ja völlig ruinieren kann und sich zudem oft genug als vorübergehende Erscheinung erweist.

»Ich nehme an«, sagte Helen liebenswürdig, »daß es in Nepal, oder wo dieses Gericht sonst hingehört, wirklich gut schmeckt.«

Diese Antwort, fand er, war nicht zu übertreffen. Sie zeugte von Güte, Urteilsfähigkeit und Wissen, alles in einem.

»Clifford«, bemerkte Helen, und sie sprach so leise und sanft, daß er sich vorbeugen mußte, um sie zu hören, und um ihren Hals hing ein Goldkettchen und daran ein kleines Medaillon, das auf der bläulichen Blässe ihrer Haut ruhte und ihn entzückte, »dies hier ist keine Prüfung. Es ist eine Einladung zum Dinner, und niemand muß irgend jemanden beeindrucken.«

Er war verlegen: Er war sich nicht sicher, ob er dieses Gefühl mochte.

»Eigentlich sollte ich im Savoy sein, bei unseren Ehrengästen«, sagte er, um sie wissen zu lassen, was er ihretwegen geopfert hatte.

»Ich glaube nicht, daß mein Vater mir das heute abend verzeihen wird«, sagte sie, um ihn wissen zu lassen, daß sie sich in ähnlicher Lage befand. »Auf Sie ist er nicht gerade gut zu sprechen. Obwohl er natürlich nicht über mein Leben bestimmen kann«, fügte sie hinzu. Eigentlich fürchtete sie sich überhaupt nicht vor ihrem Vater: Als John Lallys Tochter hatte sie viele Vorteile, Evelyn dagegen als seine Frau nur die Nachteile. Helen konnte seine Tobsuchtsanfälle schon längst nicht mehr ernst nehmen, im Gegensatz zu Evelyn, die sehr darunter litt und sich bedroht fühlte. Und wenn ihr Ehemann wieder einmal losfluchte – über das verlogene Noch-nie-ging's-uns-so-gut-Geschwätz der Politiker, die Dummheit der Wähler, das Banausentum der Kunstsammler und so weiter –, dann fühlte sie sich dafür irgendwie auch noch verantwortlich.

»Als Sie sagten, Sie würden mich nicht kennen, haben Sie gelogen. Warum?« fragte Clifford, aber Helen lachte nur. Ihr nicht ganz rosa, nicht ganz weißes Kleid leuchtete im Kerzenlicht: Das wußte sie natürlich. Ganz unvorteilhaft unter den grellen Lichtern in der Galerie: Äußerst vorteilhaft hier im Restaurant. Aus diesem Grund hatte sie es ja auch angezogen. Ihre Brustwarzen zeichneten sich darunter diskret ab, und das in einer Zeit, wo Brustwarzen sich *nie* abzeichneten. Sie schämte sich nicht für ihren Körper. Warum auch? Er war schön.

»Lüg mich nie an«, sagte er.

»Nein, nie«, sagte sie, aber sie log und wußte das auch.

Kurz darauf gingen sie zu ihm nach Hause in die Goodge Street: Nr. 5, Coffee Place. Es war ein schmales Haus, eingezwängt zwischen zwei Läden, aber zentral, sehr zentral. Er konnte zu Fuß zur Arbeit gehen. Die Räume waren weiß gestrichen, das Mobiliar schlicht und funktional. Die Bilder ihres Vaters hingen überall an den Wänden.

»In ein paar Jahren werden die eine Million oder mehr wert sein«, sagte er. »Bist du nicht stolz?«

»Warum? Weil sie eines Tages viel wert sein werden oder weil er ein guter Maler ist?« fragte sie. »Und ›stolz‹? Das ist das falsche Wort. Genausogut könnte ich auf Sonne oder Mond stolz sein.« Sie war ihres Vaters Tochter, stellte Clifford fest, und er mochte sie nur um so mehr dafür. Sie konnte über alles streiten, aber ohne es je schlecht zu machen. Mädchen wie Angie zeichneten sich dadurch aus, daß sie um sich herum alles verhöhnten und verachteten. Aber die hatten es wiederum auch nötig.

Er zeigte ihr das Schlafzimmer, im Dachgeschoß, unter den Balken. Das Bett war ein großes Viereck auf dem Fußboden: Schaumgummi (ganz neu zu der Zeit). Eine Felldecke lag darüber. Auch hier hingen Lallys. Bilder, auf denen Satyre Nymphen umarmten und Medusen junge Adonisse. »Nicht die glücklichste Schaffensperiode meines Vaters.«

Lieber Leser, ich muß Ihnen leider sagen, daß Clifford und Helen an diesem Abend miteinander ins Bett gingen, was Mitte der sechziger Jahre nicht gerade üblich war. Man wahrte immer noch gewisse Formen, und Zögern galt als schicklich und vernünftig. Wenn ein Mädchen einem Mann zu schnell nachgab, würde er sie nicht verachten? Natürlich würde er das, das wußte jeder. Nun ist es ja so, daß eine Frau, die mit einem Mann gleich ins Bett geht, dafür abgelehnt werden kann und wird – sie hat alles gegeben, aber auch gewollt, heißt es. Das verletzt und demoralisiert. Aber was da eigentlich geschieht, ist doch wohl folgendes: Die Beziehung durchläuft ihre verschiedenen Stadien vom Anfang bis zum Ende in ein paar Stunden und bummelt nicht monate- oder gar jahrelang hindurch, und es ist der Mann, nicht die Frau, der es als erster weiß.

»Ich ruf dich morgen an«, sagt er. Aber das wird er nicht tun. Es ist eben vorbei, nicht wahr? Doch hin und wieder, nur hin und wieder, haben die Sterne recht: Die Beziehung hält, dauert. Und genau das ist es, was zwischen Clifford und Helen geschah. Es kam Helen ganz einfach nicht in den Sinn, daß Clifford sie verachten könnte, wenn sie so schnell ja sagte; es kam Clifford nicht in den Sinn, schlecht von ihr zu denken, weil sie es tat. Der Mond schien durch die Dachfenster: Die Felldecke unter ihren nackten Körpern war rauh und seidig zugleich. Liebe Leser, diese Nacht ist dreiundzwanzig Jahre her, aber weder Clifford noch Helen haben sie je vergessen.

Es ist doch immer wieder faszinierend zu lesen oder zu sehen, wie es die anderen machen. Egal ob Literatur oder richtiges Leben: Es sind spannende Szenen für den neutralen Beobachter, wenn zwei Menschen aufeinandertreffen, die von dem Augenblick an ihr ganzes Leben oder wenigstens einen größeren Abschnitt davon miteinander verbringen werden – bis daß der Tod oder der Richter sie scheidet. Es kann für den Zuschauer durchaus aufregend und erotisch anregend sein, solchen Entwicklungen sozusagen hautnah beizuwohnen. Das hat – zugegeben – etwas Voyeuristisches, aber wer kann, ohne zu heucheln, von sich sagen, daß nicht ein kleiner Voyeur in ihm steckt? Schon mancher Abend, der gähnend langweilig begann, endete so für die mehr oder weniger unbeteiligten Beobachter mit einer unverhofften Auffrischung des eigenen Liebeslebens.

Nicht jeder Mann geht so forsch ans Werk wie Clifford, der mit jedem Wort und jeder Geste entschlossen sein Ziel anstrebt, ohne der Opfer am Rande zu achten und ohne Zweifel an seinem raschen Erfolg. Was ging und geht bei uns Normal-Sterblichen da nicht alles schief. Sie stylt sich auf mit Farben und Düften; er ist jeder Kosmetik abhold. Er schenkt dunkelrote Prachtnelken; sie liebt Veilchen oder Margeriten. Sie zwängt sich in die engsten Jeans; er schwärmt für bestrumpfte Beine. Und trotz aller Differenzen im Geschmack zieht es sie zueinander wie den Skifahrer an den Baum. Schminke, Nelken, Jeans – alles nicht weiter von Belang. Kritisch wird es erst, wenn ein genießerischer Mensch auf einen asketischen oder auch nur auf einen dem Genuß gegenüber gleichgültigen Menschen trifft. Das geht auf die Dauer schief. Zwar hilft die kopflose Verliebtheit über die Anfangszeit hinweg, doch dann folgen faule Kompromisse, und schließlich kracht auseinander, was nie zueinander gehört hat. Fastfood-Freak/Gourmet, Steakliebhaber/Vegetarier, Schlankheitsfanatiker/Feinschmecker – das sind Paarungen wie Dackel und Bernhardiner: unmöglich, auch wenn ihre Erforschung für den Gesellschafts-Ethnologen recht spannend sein kann.

Lamm mit Aprikosen

1 kleine Lammkeule ohne Knochen
getrocknete Aprikosen
1 EL Honig
frischer Ingwer
Weißwein
1 Knoblauchzehe
Salz, Pfeffer
Provence-Kräuter
6 Schalotten
6 kleine Kartoffeln

Eine handvoll getrocknete Aprikosen mit etwas Weißwein, Honig und frisch geriebenem Ingwer (Menge nach Geschmack) aufkochen.

Lammkeule salzen, pfeffern und mit gemahlenen Provence-Kräutern sowie dem durchgepreßten Knoblauch einreiben. Aprikosen in die Knochentasche füllen und die Öffnung mit einem Zahnstocker oder einer Rouladennadel verschließen.

Lamm mit der Unterseite nach oben in eine ofenfeste Form legen, mit geschälten Schalotten sowie den rohen Kartoffeln umrahmen und mit etwas Wein angießen.

Bei 180 bis 200 Grad etwa 50 Minuten im Rohr braten, dann wenden, auf einen Rost legen und weiterbraten, bis es gar ist (ca. weitere 40 Minuten). Zwischendurch abwechselnd mit Wein und Wasser angießen, damit etwas Sauce entsteht.

Beim Servieren die Lammkeule mit den mitgebratenen Kartoffeln und Schalotten umlegen.

Crème brûlée mit Lavendel und in Earl Grey marinierten Dörraprikosen

Crème brûlée:
80 ml Sahne
1 Ei
1 Eigelb
2 EL Zucker
1 Vanilleschote
6 Lavendelblüten

Dörraprikosen:
6–8 Dörraprikosen
½ Tasse Earl Grey Tee
2 ½ EL Zucker
1 Vanilleschote

Die Sahne mit aufgeschnittener Vanilleschote, Zucker und Lavendelblüten aufkochen und ca. 2 Stunden bei Zimmertemperatur ziehen lassen.

Die Dörraprikosen und eine ausgeschabte Vanilleschote mit dem überbrühten und abgeseihten Earl-Grey Tee übergießen und quellen lassen. Mit dem Zucker die Marinade süßen. Bei sehr bitterem Tee ganz nach Geschmack eventuell ein wenig Zitrone und Zucker dazugeben.

Die abgekühlte und aromatisierte Sahne mit dem aufgeschlagenen Ei und dem Eigelb verrühren und anschließend passieren (abseihen).

Die abgekühlte Crème mit Rohrzucker bestreuen und im Ofen direkt unter der Grillspirale karamelisieren, bis der Rohrzucker goldgelb wird. Die marinierten Dörraprikosen in einer Schale dazu servieren.

Das Tütchen auf dem Berg

Günter Grass
Die Blechtrommel

Eine gleich züchtige Vorstellung mädchenhaften Zubettgehens gab mir Maria drei Tage später. Im Nachthemd kam sie, pfiff beim Zöpfeaufmachen, pfiff noch beim Kämmen, legte den Kamm weg, pfiff nicht mehr, schaffte Ordnung auf der Kommode, warf dem Foto die Kußhand zu, machte den übertriebenen Sprung, federte, griff das Oberbett und erblickte – ich betrachtete ihren Rücken – sie sah ein Tütchen – ich bewunderte ihr langes Schönhaar – sie entdeckte auf dem Oberbett etwas Grünes – ich schloß die Augen und wollte warten, bis sie sich an den Anblick des Brausepulvertütchens gewöhnt hatte – da schrien die Sprungfedern unter einer sich zurückwerfenden Maria, da knipste es, und als ich des Knipsens wegen die Augen öffnete, konnte Oskar sich bestätigen, was er wußte: Maria hatte das Licht ausgeknipst, atmete unordentlich im Dunkeln, hatte sich an den Anblick des Brausepulvertütchens nicht gewöhnen können; doch blieb es fraglich, ob die von ihr befohlene Dunkelheit die Existenz des Brausepulvers nicht überstiegerte, Waldmeister zur Blüte brachte und der Nacht Bläschen treibendes Natron verordnete.

Fast möchte ich glauben, die Dunkelheit war auf Oskars Seite. Denn schon nach wenigen Minuten – wenn man in einem stockdunklen Zimmer von Minuten sprechen kann – nahm ich Bewegungen am Kopfende des Bettes wahr; Maria angelte nach der Schnur, die Schnur biß an, und gleich darauf bewunderte ich abermals langfallendes Schönhaar auf Marias sitzendem Nachthemd. Wie gleichmäßig und gelb die Glühbirne hinter dem gefalteten Bezug des Lampenschirmes das Schlafzimmer ausleuchtete. Prall aufgeschlagen und unberührt häufte sich immer noch das Oberbett am Fußende. Das Tütchen auf dem Berg hatte sich in der Dunkelheit nicht zu bewegen gewagt. Marias Großmutternachthemd raschelte, ein Ärmel des Hemdes mit dazugehörender Patschhand hob sich, und Oskar sammelte Speichel in seiner Mundhöhle.

Wir beide haben während der folgenden Wochen über ein Dutzend Tütchen Brausepulver zumeist mit Waldmeistergeschmack, schließlich, als der Waldmeister ausging, mit Zitronen- und Himbeergeschmack auf immer dieselbe Art entleert, mit meinem Speichel zum Aufbrausen gebracht und ein Gefühl gefördert, das Maria immer mehr zu schätzen wußte. Ich bekam einige Übung im Speichelansammeln, benutzte Tricks, die mir das Wasser schnell und reichlich im Munde zusammenlaufen ließen, und war bald imstande, mit dem Inhalt eines Tütchens Brausepulver, Maria dreimal kurz nacheinander das begehrte Gefühl zu bescheren. Maria war mit Oskar zufrieden, drückte ihn manchmal an sich, küßte ihn nach dem Brausepulvergenuß sogar zwei- oder dreimal irgendwohin ins Gesicht und schlief zumeist schnell ein, nachdem Oskar sie im Dunkeln noch kurz kichern gehört hatte.

Mir fiel das Einschlafen immer schwerer. Sechzehn Jahre zählte ich, hatte einen beweglichen Geist und das schlafvertreibende Bedürfnis, meiner Liebe zu Maria andere, ungeahntere Möglichkeiten zu bieten, als die, die da im Brausepulver schlummerten, durch meinen Speichel erweckt, immer dasselbe Gefühl bemühten.

Oskars Überlegungen beschränkten sich nicht nur auf die Zeit nach dem Lichtausknipsen. Tagsüber brütete ich hinter der Trommel, blätterte in meinen zerlesenen Rasputinauszügen, erinnerte mich früherer Unterrichtsorgien zwischen dem Gretchen Scheffler und meiner armen Mama, befragte auch Goethe, den ich gleich Rasputin in den Auszügen der Wahlverwandtschaften besaß, nahm also des Gesundbeters Triebhaftigkeit, glättete jene mit dem alle Welt einbeziehenden Naturgefühl des Dichterfürsten, gab Maria bald das Aussehen der Zarin, auch die Züge der Großfürstin Anastasia, wählte Damen aus Rasputins adlig-exzentrischem Gefolge, um Maria alsbald, vom allzu Brünstigen abgestoßen, in der himmlischen Durchsichtigkeit einer Ottilie oder hinter der zuchtvoll gemeisterten Leidenschaft Charlottens zu erblicken. Sich selbst sah Oskar abwechselnd als Rasputin persönlich, dann als seinen Mörder, sehr oft als Hauptmann, seltener als Charlottens wankelmütigen Gatten und einmal – ich muß es gestehen – als einen in Goethes bekannter Gestalt über der schlafenden Maria schwebenden Genius.

Merkwürdigerweise erwartete ich von der Literatur mehr Anregungen als vom nackten, tatsächlichen Leben. So konnte mir Jan Bronski, den ich ja oft genug das Fleisch meiner armen Mama hatte bearbeiten sehen, so gut wie nichts beibringen. Obgleich ich wußte, dieses abwechselnd aus Mama und Jan oder Matzerath und Mama bestehende, seufzende, angestrengte, endlich ermattet ächzende, Fäden ziehend auseinanderfallende Knäuel bedeutet Liebe, wollte Oskar dennoch nicht glauben, daß Liebe Liebe war, und suchte aus Liebe andere Liebe und kam doch immer wieder auf die Knäuelliebe und haßte diese Liebe, bevor er sie als Liebe exerzierte und als einzig wahre und mögliche Liebe sich selbst gegenüber verteidigen mußte.

Maria nahm das Brausepulver liegend zu sich. Da sie, sobald das Pulver aufbrauste, mit den Beinen zu zucken und zu strampeln pflegte, rutschte ihr das Nachthemd oftmals schon nach dem ersten Gefühl bis zu den Schenkeln hoch. Beim zweiten Aufbrausen gelang es dem Hemd zumeist, über den Bauch kletternd sich vor ihren Brüsten zu rollen. Spontan, ohne die Möglichkeit vorher, Goethe oder Rasputin lesend, in Betracht gezogen zu haben, schüttete ich Maria, nachdem ich ihr wochenlang die linke Hand gefüllt hatte, den Rest eines Himbeerbrausepulvertütchens in die Bauchnabelkuhle, ließ meinen Speichel dazufließen, bevor sie protestieren konnte, und als es in dem Krater zu kochen anfing, verlor Maria alle für einen Protest nötigen Argumente: denn der kochend brausende Bauchnabel hatte der hohlen Hand viel voraus. Es war zwar dasselbe Brausepulver, mein Speichel blieb mein Speichel, auch war das Gefühl nicht anders, nur stärker, viel stärker. So übersteigert trat das Gefühl auf, daß Maria es kaum noch aushalten konnte. Sie beugte sich vor, wollte mit der Zunge die brausenden Himbeeren in ihrem Bauchnabeltöpfchen abstellen, wie sie den Waldmeister in der hohlen Hand zu töten pflegte, wenn der seine Schuldigkeit getan hatte, aber ihre Zunge war nicht lang genug; ihr Bauchnabel war ihr entlegener als Afrika oder Feuerland. Mir jedoch lag Marias Bauchnabel nahe, und ich vertiefte meine Zunge in ihm, suchte Himbeeren und fand immer mehr, verlor mich so beim Sammeln, kam in Gegenden, wo kein nach dem Sammelschein fragender Förster sein Revier hatte, fühlte mich jeder einzelnen Himbeere verpflichtet, hatte nur noch Himbeeren im Auge, Sinn, Herzen, Gehör, roch nur noch Himbeeren, war so hinter Himbeeren her, daß Oskar nur nebenbei bemerkte: Maria ist zufrieden mit deinem Sammelfleiß. Deshalb hat sie das Licht ausgeknipst. Deshalb überläßt sie sich vertrauensvoll dem Schlaf und erlaubt dir, weiter zu suchen; denn Maria war reich an Himbeeren.

Und als ich die nicht mehr fand, da fand ich wie zufällig an anderen Orten Pfifferlinge. Und da die tiefer versteckt unterm Moos wuchsen, versagte meine Zunge, und ich ließ mir einen elften Finger wachsen, da die zehn Finger gleichfalls versagten. Und so kam Oskar zu einem dritten Trommelstock – alt genug war er dafür. Und ich trommelte nicht Blech, sondern Moos. Und ich wußte nicht mehr; bin ich das, der da trommelt? Ist es Maria? Ist das mein Moos oder ihr Moos? Gehören das Moos und der elfte Finger wem anders und die Pfifferlinge nur mir? Hatte der Herr da unten seinen eigenen Kopf, eigenen Willen? Zeugten Oskar, er oder ich?

Und Maria, die oben schlief und unten dabei war, die harmlos Vanille und unterm Moos strenge Pfifferlinge, die allenfalls Brausepulver, doch den nicht wollte, den ja auch ich nicht wollte, der sich selbständig gemacht hatte, der den eigenen Kopf bewies, der etwas von sich gab, was ich ihm nicht eingegeben, der aufstand, als ich mich legte, der andere Träume hatte als ich, der weder lesen noch schreiben konnte, der dennoch für mich unterschrieb, der heute noch seinen eigenen Weg geht, der sich an jenem Tage schon von mir trennte, da ich ihn erstmals wahrnahm, der mein Feind ist, mit dem ich mich immer wieder verbünden muß, der mich verrät und im Stich läßt, den ich verraten und verkaufen möchte, dessen ich mich schäme, der meiner überdrüssig ist, den ich wasche, der mich beschmutzt, der nichts sieht und alles wittert, der mir so fremd ist, daß ich ihn siezen möchte, der ein ganz anderes Gedächtnis als Oskar hat: denn wenn heute Maria mein Zimmer betritt und Bruno diskret auf den Gang hinaus ausweicht, erkennt er Maria nicht wieder, will nicht, kann nicht, lümmelt sich höchst phlegmatisch, während Oskars Herz erregt meinen Mund stammeln läßt: »Hör' zu, Maria, zärtliche Vorschläge: ich könnte mir einen Zirkel kaufen und einen Kreis um uns schlagen, könnt' mit demselben Zirkel die Neigungswinkel deines Halses messen, während du liest, nähst oder wie jetzt, an meinem Kofferradio drehst. Laß doch das Radio, zärtliche Vorschläge: ich könnt' mir die Augen impfen lassen und wieder zu Tränen kommen. Beim nächsten Metzger ließe Oskar sein Herz durch den Wolf drehen, wenn du deine Seele gleichfalls. Wir könnten uns auch ein Stofftier kaufen, damit es still bleibt zwischen uns beiden. Wenn ich mich zu Würmern entschlösse und du zur Geduld: wir könnten angeln gehen und glücklicher werden. Oder das Brausepulver von damals, erinnerst du dich? Du nennst mich Waldmeister, ich brause auf, du willst noch mehr, ich geb' dir den Rest – Maria, Brausepulver, zärtliche Vorschläge! Warum drehst du am Radio, hörst nur noch aufs Radio, als besäße dich ein wildes Verlangen nach Sondermeldungen.«

Wenn in einer Gesellschaft die Rede auf Aale kommt, wird man immer wieder das Schauspiel erleben, daß einige Personen erblassen und heftig ihren Abscheu vor diesen kriechenden Fischen kundtun. Als nächstes fällt dann mit Sicherheit das Wort Pferdekadaver. Der Kundige weiß: Da hat einer »Die Blechtrommel« gelesen. Wenn dann weiterhin auch noch die Rede auf Brausepulver kommt und die Nachbarin zart errötet, kann man sicher sein, daß die Dame mindestens Anfang fünfzig sein muß und sich 1959, beim Erscheinen der »Blechtrommel«, angelockt vom Geschrei der Kirchen und anderer Moralhüter, auf die Suche nach den »Stellen« gemacht hat. Der Roman ist lang, und die »Stellen« sind dünn gesät. Aber der anstößige Ruf der »Blechtrommel« bewirkte, daß der Roman von Günter Grass tatsächlich gelesen wurde.

Grass kann heute noch stolz darauf sein, mittels der berüchtigten Brausepulver-Szene die damaligen sexuellen Anfänger zu ersten Experimenten angeregt zu haben. 1959, das muß man sich noch einmal vor Augen halten, war die Zeit vor der Pille, vor der Sexualaufklärung –

also eigentlich die Zeit vor der Zeit. Oskars nächtliche Vergnügungen mit Maria waren das Äußerste an Frivolität. Waldmeister und Himbeere wurden zu geheimen Codes, mit denen man(n) auslotete, wie weit ein Flirt zu gehen versprach. Ein Mädchen, das verbal auf Brause ansprach, war auch sonst nicht abgeneigt, nahm die Liebe leichter als gemeinhin üblich.

Das Leichte an Oskars Brause-Spiel aber brauchte viele schwere Wörter: Da braust das Pulver auf, fängt in dem Krater an zu kochen, Maria pflegte mit den Beinen zu zucken und zu strampeln, Oskar ließ seinen Speichel dazufließen, suchte Himbeeren, verlor sich beim Sammeln. Eine wuchtige, eindrucksvolle Sprache, bei Wotan! Für i-Wörter, wie sie Kindern zu Brausepulver einfallen oder Erwachsenen zu Champagner ist da kein Platz: Nichts bitzelt, prickelt, kitzelt, kribbelt, pritzelt. Wie schwer wiegt doch die deutsche Leichtigkeit.

So tiefschürfend und unheilschwanger wie die Schriftsteller des Nordens können aber auch die Griechen schreiben. Bei der Lektüre von Nikos Kazantzakis' Romanen beispielsweise kriegt auch der fröhlichste Leser leicht das schwarze Tier. Nur in »Alexis Sorbas« kommen – neben den üblichen schicksalhaften Verstrickungen – Personen vor, die das Leben auch einmal genießen oder zumindest genossen haben. Madame Hortense, Sorbas' Heldin Bubulina, schwelgt in Erinnerungen an ihre frivole Glanzzeit. Das Bad im Sekt bildet den Höhe- und Endpunkt der großen, völkerverbindenden Karriere von Madame Hortense – sowohl im Roman als auch im Film die lustvollste und sentimentalste Stelle ihrer Erzählungen.

Brust gegen Brust

Nikos Kazantzakis
Alexis Sorbas

Sie schaute sich um. Die Türen waren geschlossen, der Papagei schlief, die Kaninchen haschten sich, wir waren allein. Und sie begann, uns ihr Herz zu öffnen, wie man einen alten Koffer öffnet, der mit Spezereien, vergilbten Liebesbriefen, abgetragenen Kleidern gefüllt ist ... Sie sprach griechisch wie eine spanische Kuh. Sie brachte die Silben durcheinander, sagte statt Admiral Mirakel, statt Revolution Revolver. Trotzdem verstanden wir sie gut. Bald konnten wir uns vor Lachen kaum halten, bald war es – wir hatten ohnehin viel getrunken – zum Heulen.

»Also« (so ungefähr erzählte uns die alte Sirene in ihrem wohlriechenden Hof), »also, ich war einmal eine große und berühmte Dame, keine Kabarettsängerin, sondern eine berühmte Künstlerin und trug seidene Wäsche mit echten Spitzen. Aber die Liebe ...«

Sie seufzte tief, nahm eine neue Zigarette und bat Sorbas um Feuer.

»Ich liebte einen Admiral. Kreta hatte mal wieder seine Revolution, und die Flotten der Großmächte lagen in der Suda-Bai vor Anker. Ein paar Tage später ging auch ich dort vor Anker. Fabelhaft! Ihr hättet die vier Admirale sehen sollen! Den Engländer, den Franzosen, den Italiener, den Russen! Alle in Gold mit Lackschuhen und Federbüschen auf dem Kopf, wie die Hähne, riesige Hähne! Jeder wog mindestens achtzig bis hundert Kilo. Und was hatten sie für prächtige Bärte! Schön frisierte, seidige, schwarze, blonde, graue und braune Bärte. Und wie sie dufteten! Jeder hatte seinen eigenen Geruch, und so konnte man sie sogar nachts unterscheiden. Der Engländer roch nach Kölnisch Wasser, der Franzose nach Veilchen, der Russe nach Moschus, und der Italiener war ganz in den Ambra vernarrt. Mein Gott, was für Bärte!

Oft saßen wir zu fünft auf dem Admiralsschiff, alle dekolletiert. Ich trug eine Seidenbluse mit Ausschnitt. Sie klebte auf meiner Haut, denn man hatte mich mit Sekt begossen. Es war ja Sommer. Wir führten ernste Gespräche, wir unterhielten uns über die Revolution. Ich packte sie an ihren Bärten und flehte sie an, die armen guten Kreter nicht zu bombardieren. Wir beobachteten sie durch den Feldstecher, sie hatten sich auf einem Felsen verschanzt. Sie sahen mit ihren blauen Pluderhosen und gelben Stiefeln wie kleine Ameisen aus. Und sie brüllten wie die Wilden und hatten auch eine Fahne ...«

Das Schilfrohr des Zaunes bewegte sich. Die alte Kämpferin hielt erschrocken inne: Durch das Schilf schimmerten kleine verschmitzte Augen. Die Dorfkinder waren dahintergekommen, was bei uns los war, und lagen auf der Lauer.

Die alte Sängerin wollte sich erheben, doch es gelang ihr nicht. Sie hatte zuviel gegessen und getrunken, in Schweiß gebadet blieb sie sitzen. Sorbas hob einen Stein auf, und die Kinder verschwanden kreischend.

»Weiter! Weiter! Teuere Seejungfrau, holder Goldfisch!« sagte Sorbas und rückte ihr näher mit seinem Stuhl.

»Ich sagte also zu dem Italiener, mit dem ich mich am besten stand, und faßte ihn dabei an den Bart: ›Mein lieber Canavaro, mein kleiner Canavaro – so hieß er nämlich –, nicht bam bum machen! Nicht bam bum machen!‹

Wie oft habe ich die Kreter – ihr könnt's mir glauben! – vorm Tode gerettet! Wie oft waren die Kanonen schußbereit, und ich packte den Admiral am Bart, und es war wieder nichts mit dem

Bam Bum! Aber wer hat mir dafür gedankt? Ich warte noch heute auf einen Orden ...«

Madame Hortense war ganz außer sich über den Undank der Menschen. Ärgerlich schlug sie mit ihrer kleinen weichen, runzligen Faust auf den Tisch. Und Sorbas stellte sich ergriffen, beugte sich über ihre Schenkel, die schon manchen Sturm erlebt hatten, berührte sie mit seinen Händen und sagte:

»Meine Bubulina*, tu mir den Gefallen und mache nicht bam bum!«

»Pfoten weg!« gluckste unsere Madame. »Wofür hältst du mich eigentlich, mein Lieber!«, und sie warf ihm einen zärtlichen Blick zu.

»Es gibt einen Gott«, sagte der alte Schlaukopf, »gräme dich nicht, Bubulina! Es gibt einen Gott. Auch wir stehen zu deiner Verfügung, sei unbesorgt!«

Die alte Französin hob ihre säuerlichen blauen Augen gen Himmel, sah aber nichts anderes als ihren grasgrünen Papagei, der in seinem Käfig schlief.

»Canavaro! Mein kleiner Canavaro!« girrte sie verliebt.

Der Papagei erkannte ihre Stimme, öffnete die Augen, krallte sich an den Draht des Käfigs und begann mit heiserer Stimme wie ein Ertrinkender zu rufen:

»Canavaro! Canavaro!«

»Hier!« sagte Sorbas und legte wieder seine Hand auf ihre Schenkel, die schon soviel erlebt hatten, als wolle er von ihnen Besitz ergreifen. Die alte Chansonette wand sich auf ihrem Stuhl hin und her und setzte abermals ihr faltiges Mündchen in Bewegung:

»Auch ich habe gekämpft, Brust gegen Brust wie ein Held. Aber es kamen böse Zeiten. Kreta wurde frei, und die Flotten erhielten Befehl, die Insel zu verlassen. ›Was soll aus mir werden?‹ schrie ich und hängte mich an die vier Vollbärte. ›Wollt ihr mich im Stich lassen? Ich habe mich so an den Luxus gewöhnt, an den Sekt, an die gebratenen Hühner und die niedlichen kleinen Matrosen, die mir Ehrenbezeigungen machten. Was soll jetzt aus mir, der vierfachen Witwe, werden, meine Herren Admirale?‹

Sie lachten – ach, diese Männer! – und überschütteten mich mit englischen Pfunden, Liretten, Rubeln und Francs. Ich stopfte mir damit Strümpfe, Busen und Tanzschuhe voll. Und am letzten Abend, an dem wir noch einmal zusammen waren, schrie und jammerte ich wie ein Schloßhund. Die Admirale hatten Mitleid mit mir. Sie füllten die Badewanne mit Sekt, ich badete mich vor

Bubulina, Heroine aus dem Freiheitskrieg (1821–1828), kämpfte vor allem zur See wie Canaris.

ihnen – da sehen Sie, wie intim wir waren –, und dann tauchten sie ihre Gläser in die Wanne und gossen den gesamten Inhalt mir zu Ehren in ihre Kehlen! Als sie berauscht waren, löschten sie die Lichter …

Am nächsten Morgen roch ich am ganzen Körper nach Veilchen, Kölnisch Wasser, Moschus und Ambra. Alle vier Großmächte – England, Rußland, Frankreich und Italien – hielt ich hier auf meinem Schoß gefangen und spielte mit ihnen, so … !«

Madame Hortense breitete ihre kurzen, dicken Arme aus und schwenkte sie hin und her, als schaukelte sie auf ihren Knien einen Säugling.

»Ja, so, so … !«

»Noch am Vormittag begannen die Kanonen zu donnern – ich schwöre es bei meiner Ehre! –, begannen die Kanonen zu donnern, und ein weißes Boot mit zwölf Rudern brachte mich nach Kanea hinüber …«

Zitronensorbet

Zitroneneis
trockener Sekt oder Champagner

Am besten wählt man ein nicht zu süßes Eis, in dem noch die Streifen von Zitronenschale zu sehen sind.

Das Zitroneneis mit einem Eßlöffel oder einem Portionierer in Sektgläser füllen und vorsichtig nach und nach mit Champagner aufgießen. Eventuell mit einer Zitronenscheibe garnieren. Fertig.

Belon Austern mit Schalotten und Himbeeressig

24 Belon Austern, Qualitätsstufe 000
2 Schalotten
1 dl Himbeeressig
Salz, Pfeffer aus der Mühle
24 Stk Baguettecrostinis
Salzbutter
½ TL Dijon Senf

Die Austern mit einem Austernmesser vorsichtig aufbrechen, von Schalenteilen säubern und im Kühlschank kaltstellen.

Die Schalotten in kleine Würfel schneiden, mit Himbeeressig und dem Dijon Senf verrühren und mit Salz und Pfeffer abschmecken.

Mit Crostinis und der Salzbutter servieren.

Rosé Campagner von Pol Roger oder ein junger Muscadet von der Loire sind zwingende Begleiter zu diesem Pariser Klassiker.

Rezepte
ausgewählt von
Gertrude Fein

Rezepte
komponiert vom
Tigerpalast

Quellenverzeichnis

Safran

Aus: Anaïs Nin, Die verborgenen Früchte. Aus dem Amerikanischen von Gisela Stege. Deutsche Rechte: Bern und München: Scherz Verlag

Erbärmlicher Fugu

Aus: T. Coraghessan Boyle, Wenn der Fluß voll Whisky wär, Erzählungen. Deutsch von Werner Richter. München/Wien: Carl Hanser Verlag, 1991

Das Brautverstecken

Aus: Oskar Maria Graf, Das bayrische Dekameron. München: Paul List Verlag, 1994

Warmumarmt

Aus: James Joyce, Ulysses. Übersetzt von Hans Wollschläger. Frankfurt am Main: Suhrkamp Verlag, 1975

Die Replik an Franc Gontier

Aus: Die Lebensbeichte des François Villon. Berlin: Rütten & Loening Verlag, 1978

Forelle mit Nachspiel

Aus: George Baxt, Ein Mordfall für Dorothy Parker. Deutsch von Ruth Keen. Zürich: Haffmans Verlag AG, 1996

Das Küchenkind

Aus: Angela Carter, Die schwarze Venus, Erzählungen. Übersetzt von Joachim Kalka. München: dtv, 1990

Junger Teufel, glatter Knabe

Aus: Thomas Mann, Bekenntnisse des Hochstaplers Felix Krull, Der Memoiren erster Teil. Frankfurt am Main: S. Fischer Verlag, 1960

Warmer Wein

Aus: John Updike, Heirate mich! Deutsch von Angela Praesent. Reinbek bei Hamburg: Rowohlt Verlag GmbH, 1978

Liebeskappe mit Seidenband

Aus: Djin Ping Meh, Schlehenblüten in goldener Vase. Aus dem Chinesischen von Otto und Artur Kibat. Zürich: Verlag Die Waage, 1993

Junges Gemüse

Aus: Manuel Vázquez Montalbán, Tahiti liegt bei Barcelona. Deutsch von Bernhard Straub. Reinbek bei Hamburg: Rowohlt Taschenbuch Verlag GmbH, 1992

Wachteln in Rosenblättern

Aus: Laura Esquivel, Bittersüße Schokolade. Frankfurt am Main und Leipzig: Insel Verlag, 1992

Der starke Mann

Aus: Gabriel Chevallier, Clochemerle. Karlsruhe: Stahlberg Verlag GmbH, 1960. Veröffentlicht im Fischer Taschenbuch Verlag GmbH, Frankfurt am Main, 1994

Liebe auf den ersten Biß

Aus: Fay Weldon, Herzenswünsche. Deutsch von Sabine Hedinger. München: Antje Kunstmann Verlag, 1988

Das Tütchen auf dem Berg

Aus: Günter Grass, Die Blechtrommel. Studienausgabe Band 1. Göttingen: Steidl Verlag, 1993

Brust gegen Brust

Aus: Nikos Kazantzakis, Alexis Sorbas. München: F. A. Herbig Verlagsbuchhandlung GmbH